"十二五"国家重点图书出版规划项目

应用统计工程前沿丛书

统计工程导论

杨翰方 著

清华大学出版社
北京

内容简介

  从尊重数据发展规律的角度，本书希望能够为统计学赋以一种新的工程内涵，将工程领域务实的工作方式带到统计领域中，并为其正名，帮助统计学在不断飞速发展的技术潮流中保持自身的技术前沿性和方法实践性。作者尝试着将一级学科中统计学的理科及社科属性与工程方法论相融合，引导人们认识、理解并关注统计工程这一概念及其背后的思维方式。本书共分8章，以概念梳理为主，穿插案例及相关实践方案。

  本书可供统计领域及关心统计领域的各界人士查阅指正。

版权所有，侵权必究。举报：010-62782989，beiqinquan@tup.tsinghua.edu.cn。

图书在版编目(CIP)数据

统计工程导论/杨翰方著.—北京：清华大学出版社，2021.12
（应用统计工程前沿丛书）
ISBN 978-7-302-58377-6

Ⅰ.①统… Ⅱ.①杨… Ⅲ.①统计学 Ⅳ.①C8

中国版本图书馆 CIP 数据核字(2021)第 116706 号

责任编辑：戚　亚
封面设计：常雪影
责任校对：欧　洋
责任印制：沈　露

出版发行：清华大学出版社
  网　　址：http://www.tup.com.cn，http://www.wqbook.com
  地　　址：北京清华大学学研大厦 A 座　　邮　编：100084
  社 总 机：010-62770175　　邮　购：010-62786544
  投稿与读者服务：010-62776969，c-service@tup.tsinghua.edu.cn
  质量反馈：010-62772015，zhiliang@tup.tsinghua.edu.cn
印 装 者：天津安泰印刷有限公司
经　　销：全国新华书店
开　　本：170mm×230mm　　印　张：8.75　　字　数：165 千字
版　　次：2022 年 1 月第 1 版　　印　次：2022 年 1 月第 1 次印刷
定　　价：49.00 元

产品编号：093540-01

"应用统计工程前沿丛书"
编 委 会

顾问：袁 卫　吴喜之　易丹辉　胡飞芳

主任：赵彦云　金勇进

委员：王晓军　张 波　孟生旺　许王莉　吕晓玲

　　　　蒋 妍　李静萍　王 星　肖宇谷

为中国的应用统计开拓奋进

("应用统计工程前沿丛书"代序)

改革开放以来,我国统计事业取得了突飞猛进的发展。市场化、全球化和信息技术与网络经济的蓬勃发展,使统计在经济、社会、管理、医学、生物、农业、工程等领域中的应用迎来了又一春天。2011年2月,国务院学位委员会第28次会议通过了新的《学位授予和人才培养学科目录(2011)》,将统计学上升为一级学科,这是国家对统计学科建设与发展的重大支持,它将全面推动统计学理论方法和应用研究的深入发展。

一

长期以来,我国统计学科主要在经济学、理学和医学等门类下发展,未来进一步发展,一级统计学科将成为一面旗帜。世界先进国家的实践充分表明,统计广泛应用在各个学科,在信息网络技术与计算机强大能力的推动下,统计学科发展特别是统计的应用正展示出一种前所未有的时代特征,它将为创造新的人类文明、提升人类发展能力做出新的重要贡献。

新中国把中国从一盘散沙凝聚成高度集中的国家,推行计划经济发展模式。这一时期,统计直接为计划服务,为政府各级管理部门,为企事业单位的计划管理,为市场资源配置,为消费、投资的安排等提供全面系统的服务,因此在经济社会管理中发挥了重要作用。但是,由于权力至上的落后观念和体系机制呆滞,统计的科学性不被重视,统计数据收集整理的简单化和主观操作造成了很多不良的后果。改革开放之后,市场的作用强化了统计的社会影响和地位,但是,惯性的从上向下的主观思维方式仍然没有彻底的改观,因此,统计的科学应用仍然需要依靠内生发展的强大魅力不断深入和扩大。

近年来,全球化进一步加速了经济结构的转型与效率的提高。事实上,一国的稳步可持续发展离不开扎实的基础。在当今的信息化网络化时代,信息基础设施及其运用效率成为基础的基础,伴随而来的是统计在搜集数据、整理数据、数据分析上发挥的重要基础性作用。电子金融、电子政务、电子商务、网上购物、微博等一系列以网络信息技术为支撑的经济社会活动,创造了大数据的新时代,计算机科学、数据库技术、大数据统计分析成为新时代发展的耀眼之星,统计学理论方法在海量数据挖掘分析、高维分析和复杂系统模型分析,以及时空的统计图示图解分析等方面正显示出强劲发展的能量,应该讲现时期是统计应用最好的发展机遇,它将大大提高人类发展的创造力、生产力,造福社会、造福人类。

二

在发展非凡的年代，谁能插上翅膀自由翱翔，谁能潜下海底自由鱼跃，统计学科需当仁不让，测度方位、穿透迷雾、指引方向、科学决策，助国家繁荣昌盛，立世界之林。这是当今中国人民大学统计学科建设的基本认知和理念。中国人民大学统计学科成立于1950年，已有60多年的发展历程，为共和国建设培养了大批优秀人才。他们广泛分布在政府部门以及银行、保险、证券、数据调查与咨询等商业企业，发挥了骨干作用。几代人大统计学人的辉煌历程和奉献，铸就了中国人民大学应用统计的特色，其作为国家应用统计重点学科、教育部重点研究基地和国家统计局重点研究基地，在融入世界一流队列、开拓中国应用、培养高精尖应用统计人才、全方位支持国家建设和发展上，做出了重要的贡献。

今天，中国人民大学统计学科布局不仅深入经济社会发展领域和保险精算与金融风险管理领域，而且已经扩展到人文社会科学的许多领域，如法律、新闻、政治学、伦理学、教育学、心理学、文献计量等，展示出应用统计在量化人文社会科学研究中的重要作用。同时，我们也在生物、医学与公共健康领域开展了深入的统计交叉应用研究。建设扎实的概率论与数理统计基础，发展强大的应用统计是中国人民大学统计学院继往开来的基本目标。

三

为了系统总结和凝练中国人民大学在统计学各个领域的科研成果，引领和推动我国统计学学科建设，提高统计学在人文社会科学与自然科学各领域科学研究，以及在管理、决策支持等方面应用的科学化和普及水平，促进统计学及其交叉学科人才培养，我们组织编写了这套"应用统计工程前沿丛书"。丛书选题覆盖应用统计学的主要分支领域，如人文、社会、政治、经济、金融、管理、法律、教育、生物、卫生、网络、数据挖掘等，力求在科学性、应用性、创新性、前沿性和可读性上形成特色。

丛书针对各领域的实际问题，着重统计学方法、模型的创新、设计和应用。在应用领域的具体统计问题研究上，积极发展统计应用流程科学，强调应用背景描述清晰，基础问题明确，发挥对微观数据、大量数据归纳探索与挖掘的统计方法作用，发展标准化的统计思维方法，创建应用领域的重要统计模型，深入解决问题，推动应用领域适应信息社会的高速发展。我们首次提出应用统计工程一词。工程是将自然科学原理应用到工农业生产部门中去而形成的各学科的总称。"工程"是科学的某种应用，通过这一应用，使自然界的物质和能源的特性能够通过各种结构、机器、产品、系统和过程，以最短的时间和少而精的人力做出高效、可靠且对人类有用的东西。我们强调应用统计的工程性，也就是强调统计的实际应用价值、科学流程与先进的统计应用技术。

丛书要反映统计学科多个前沿领域的科研进展，反映信息化和网络化背景下在诸多统计学应用领域产生的新的统计学问题及其方法和模型的发展,以及在人文社会科学各个领域的开创性应用研究。丛书选题覆盖了应用统计学的各主要分支学科和主要新兴应用领域,系统总结和凝练应用统计的专门技术方法,引领和推动我国大数据中的统计科学方法及其应用,提高网络信息统计处理与网络经济活动与经营活动的统计科学分析能力,提高统计学在企业经营管理、市场营销、科学决策,以及全面提升综合竞争力方面的作用,提高统计学在宏观经济产业政策、货币政策、收入分配政策等重大政策制定与效果分析,以及全面提升我国国际竞争力和国家软实力方面的作用。

本套丛书主要面向统计学及其交叉学科领域的科研人员、研究生和高年级本科生,以及在实际工作中需要应用统计学理论与方法的各领域专业人士。丛书在理论方法与应用领域深入结合研究上,强调增加关键点的细节内容,突出以统计知识为核心的应用领域的统计知识体系建设。丛书在内容上力求拥有清晰的逻辑结构;对方法、概念和统计问题的描述增加相关概念知识和应用背景及交叉学科知识运用的铺垫;同时给出相关参考文献或推荐阅读书目,以帮助有兴趣的读者进一步深入学习。奉献给相关专业的读者能读懂并能够学以致用的应用统计,这是本丛书追求的重要目标之一。

赵彦云　吕晓玲

2014 年 12 月

前言

大数据的兴起已经走过十个年头，对于从前每次开会时统计学者争论不休的话题，时间已经慢慢给出了答案。"数据"从一个潮流词汇成为主流，每个统计人都重视起了数据及相关技术，越来越多的人已经投身数据产业。可以观察到，统计学的专业知识已经与工程实践深度融合，但仍欠缺适当的总结。统计学是一级学科，包括众多的二级学科，如经济统计、应用统计、数理统计等。随着数据科学和大数据技术这些理工科专业的加入，统计工程思想应该能够进入统计的大家庭。本书希望能够抛砖引玉，告诉大家在统计学领域内我们都遇到了同样问题，有同样的想法，即使不成熟，也请坚持下去。

本书简要介绍了统计学的现状与历史。对比经典理论提出的历史背景，在当前不断变化的技术手段下，内部需求和外部竞争促使着统计工作者不断地解放思想、与时俱进。面对新形势、新问题，除了紧跟上、下游学科的先进技术之外，统计学者还应该树立实事求是的观念。统计工程的概念就是在这样的背景下孕育而生的。统计工程的提出，考虑了多个二级学科的特点，也是探讨从观念上如何将新加入的数据科学融入相关思考。本书结合多个统计工程项目的实践经验，在原有统计分析的业务流程上扩充了工程化相关流程环节，方便读者衔接统计学的专业知识；建立了工程化的统计产品概念，这是提出统计工程的自然逻辑延续，并以统计产品为目标引领着章节的展开。统计产品是以人为主体的工程概念，前沿的工程模式是以数字化为中心的、用户与统计平台相互收益的生态共建形式，统计平台将是统计工程化过程中最广泛的形式。作为导论，本书没有继续列举更多的工程形式，而是从工程实践出发，介绍传统统计工作中没有被正式提出、但是却无法回避的相关工作：需求分析、项目实施和运维服务。最后，本书列举了两个相对完整的统计工程案例。统计工作正在从过去几百年来辅助决策的角色，慢慢转变成科学研究、商业活动和公共事务的高效自动决策中心。从外部看，也许是大数据、通信技术等信息技术在推动这一变化，但是就统计学科本身来说，统计工程才是这一变化的最关键变量。希望能引起广大统计同仁的认可与共鸣。

杨翰方
于庚子年隆冬

目 录

第 1 章　统计工作 ·· 1
　1.1　统计学科研究内容 ·· 2
　　　1.1.1　数据建模 ·· 2
　　　1.1.2　理论统计方法 ·· 2
　　　1.1.3　应用统计方法 ·· 3
　1.2　统计学科发展历史及现状 ·· 3
　1.3　新时代特点 ··· 6
　1.4　统计方法与工具在新时代的变化 ··· 8
　1.5　统计产品的概念、特点与发展现状 ·· 8
　　　1.5.1　统计产品的概念 ··· 9
　　　1.5.2　统计产品的特点 ··· 9
　　　1.5.3　统计产品的发展现状 ·· 10

第 2 章　统计工程 ··· 13
　2.1　工程概述 ··· 14
　　　2.1.1　工程的概念 ·· 14
　　　2.1.2　工程的原则 ·· 14
　　　2.1.3　工程的方法 ·· 15
　　　2.1.4　工程项目的全过程 ··· 16
　　　2.1.5　工程管理 ··· 17
　2.2　统计工程的概念 ·· 18
　2.3　统计工程的特点 ·· 18
　2.4　统计工程的原则 ·· 20

第 3 章　统计工程的关键步骤 ·· 24
　3.1　需求 ··· 25
　　　3.1.1　需求来源 ··· 25
　　　3.1.2　需求类型和特点 ·· 25

	3.1.3 需求建模	26
3.2	数据采集	26
	3.2.1 数据产生场景	26
	3.2.2 数据采集方法	27
	3.2.3 数据采集工具	29
3.3	数据管理	31
	3.3.1 数据存储与备份	31
	3.3.2 数据共享与安全	32
	3.3.3 数据质量控制	33
	3.3.4 数据管理工具	34
3.4	数据分析	35
	3.4.1 描述性统计	36
	3.4.2 特征构造与选择	36
	3.4.3 模型搭建、验证和调优	36
	3.4.4 数据分析工具	37
	3.4.5 面向对象的数据分析	38
3.5	数据预处理	41
	3.5.1 数据预处理简介	41
	3.5.2 数据预处理的评价标准	43
	3.5.3 特征构造与选择	44
3.6	数据可视化	46
	3.6.1 数据可视化概述	46
	3.6.2 数据可视化工具	46
	3.6.3 数据可视化的自动化实现	48
3.7	统计工程作业	49
	3.7.1 统计工程作业的概念	49
	3.7.2 统计工程作业的阶段划分	49
	3.7.3 统计工程作业模型	50

第 4 章 统计产品 53

4.1	统计产品的基本结构	54
	4.1.1 数据预处理模块	54
	4.1.2 数据分析模块	55
	4.1.3 数据可视化模块	56

4.2 Web 开发框架 ····· 58
4.2.1 Web 开发框架概述 ····· 58
4.2.2 Django 框架介绍 ····· 58
4.3 前端开发 ····· 58
4.3.1 前端设计概述 ····· 58
4.3.2 Bootstrap 前端设计框架 ····· 59
4.3.3 其他前端设计工具 ····· 59
4.4 接口设计 ····· 60
4.5 可行性分析 ····· 60
4.6 开发计划制订 ····· 61
4.6.1 概念和特点 ····· 61
4.6.2 目的和原则 ····· 61
4.6.3 任务和过程 ····· 62
4.6.4 方法和工具 ····· 62

第 5 章 统计平台 ····· 64
5.1 统计平台背景 ····· 65
5.2 统计平台技术 ····· 65
5.2.1 Hadoop 架构 ····· 65
5.2.2 Spark 计算框架 ····· 66
5.2.3 自然语言处理 ····· 66
5.2.4 ES Elasticsearch ····· 66
5.2.5 SHM 大数据基础平台 ····· 67
5.2.6 Bootstrap 前端架构 ····· 67
5.3 统计平台方案设计 ····· 67
5.3.1 功能流程设计 ····· 68
5.3.2 界面设计 ····· 68
5.3.3 输入设计 ····· 69
5.3.4 输出设计 ····· 70
5.3.5 控制界面设计 ····· 70
5.3.6 接口设计 ····· 71
5.3.7 后台设计 ····· 71
5.3.8 性能设计 ····· 76
5.3.9 测试用例设计 ····· 78

5.4 可行性分析 ·· 78

第6章 统计需求分析 ·· 80

6.1 统计需求分析的概念和特点 ··· 81
    6.1.1 统计需求分析的概念 ·· 81
    6.1.2 统计需求分析的特点 ·· 81

6.2 统计需求分析的目的和原则 ··· 82
    6.2.1 统计需求分析的目的 ·· 82
    6.2.2 统计需求分析的原则 ·· 82

6.3 统计需求分析的任务和过程 ··· 82
    6.3.1 统计需求分析的任务 ·· 82
    6.3.2 统计需求分析的过程 ·· 82

6.4 统计需求分析的描述工具 ·· 83
    6.4.1 业务流程图 ·· 83
    6.4.2 功能结构图 ·· 84
    6.4.3 数据流图 ··· 84

第7章 统计产品的方案实现、发布与维护 ··· 86

7.1 方案实施 ··· 87
    7.1.1 方案实施的概念和特点 ··· 87
    7.1.2 方案实施的原则 ··· 88
    7.1.3 方案实施的任务和过程 ··· 89

7.2 统计产品测试 ·· 89
    7.2.1 统计产品测试的概念和特点 ·· 89
    7.2.2 统计产品测试的原则 ·· 90
    7.2.3 统计产品测试的流程和方法 ·· 91

7.3 统计产品发布与维护 ·· 92
    7.3.1 统计产品发布与维护的概念和特点 ··································· 92
    7.3.2 统计产品发布与维护的原则 ·· 93
    7.3.3 统计产品发布与维护的任务和流程 ··································· 95

第8章 案例 ·· 96

8.1 可行性分析案例 ·· 97
    8.1.1 《某大型连锁超市用电情况监控系统可行性分析报告》······ 97

8.2 需求分析案例 ·· 100
8.2.1 《某大型连锁超市用电情况监控系统需求分析说明书》 ··· 100
8.2.2 需求分析说明书示例：《某量化交易公司数据平台需求分析说明书》 ··· 104
8.3 方案设计案例 ·· 108
8.3.1 《某超市用电管控系统方案设计说明书》 ··············· 108
8.3.2 《石油定价 App 方案设计说明书》 ······················ 114
8.4 方案实施与测试示例 ··· 119
8.5 统计产品发布与维护示例 ···································· 121
8.5.1 统计产品发布使用示例 ······································ 121
8.5.2 统计产品后期维护示例 ······································ 122

参考文献 ·· 123

后记 ··· 124

第1章 统计工作

1.1 统计学科研究内容

统计学是一门通过数据来认识问题、分析问题进而解决问题的学科,可以分为3个研究领域:数据建模、理论统计方法研究和应用统计方法研究。

1.1.1 数据建模

数据建模指的是将客观世界的具体现象抽象为数据,以便进一步分析使用。数据建模的基本要求是所得数据能在一定意义上客观、恰当地度量客观现象。

应注意,数据建模并不同于描述统计,即其不是使用统计图表汇总呈现数据所具有的特点,而是强调针对现象的不同方面设计各种统计指标进行衡量与比较的建模过程,例如:经济统计学中使用GDP评估一国的经济发展水平,计算基尼系数度量贫困程度;心理统计学中使用量表打分的方法评估心理健康状况;环境统计学中使用二氧化碳去除量、烟尘去除量、粉尘去除量来评估废气治理情况等。这些指标的定义并不来源于统计学,而是按实际需要设计所得,因此需要将数据建模与理论统计、应用统计相区别。

无论在哪个实际的生产应用领域,具体现象的数量特征通常都是多方面的,不同现象之间的联系也是多方面的,因此,单个统计指标往往不足以完全反映客观现象。为了客观全面地度量现象,在具体领域进行数据建模时通常需要建立一个指标体系,即由若干个相互联系的统计指标所组成的有机体,如经济统计学中的国民账户体系、环境统计学中的环境统计指标体系等。上述统计指标的设立和指标体系的构建均属于数据建模的研究范畴。

另外需要注意的一点是,这里所指的"数据建模"仅仅指对客观现象特征的呈现,不同于数据工程中的"数据建模"。后者主要关注的是数据的物理性质,即数据在数据库中的存储结构。

1.1.2 理论统计方法

理论统计方法以概率论、数理统计为基础,运用数学工具描述数据的概率分布、对数据的特征(均值、方差等)进行推断、对命题进行假设检验等,包括描述统计和推断统计两个部分。

其中,描述统计是指通过图表或数学方法,对数据资料进行整理,并对数据的分布状、数字特征和随机变量之间的关系进行估计和描述的方法。例如使用折线图反映数据变化趋势、计算方差反映数据的波动程度、计算相关系数判断变量间关系等。

推断统计是利用样本数据来推断总体特征的研究，包括参数估计和假设检验两个部分。参数估计是指利用样本信息推断总体特征，例如在生活中，我们常使用样本均值估计总体均值，因为样本均值的数学期望是总体均值，可以保证在大量重复抽样时，所得的估计值与真值十分接近。假设检验即利用样本信息判断对于总体的假设是否合理，例如在医药行业内，判断服药与否对于患者痊愈的影响。假设服药与否对痊愈的结果没有影响，即实验组和对照组痊愈的概率一致；在此情况下给出拒绝域，若实验结果落入拒绝域则证明服药有效。

1.1.3 应用统计方法

进一步将理论统计方法运用于不同领域，就形成了不同的具体学科，如经济统计学、心理统计学、环境统计学等。

对应用统计方法的研究就是针对现实生活中的具体问题，发展特有的分析方法。例如回归分析、时间序列分析、聚类分析、关联分析等；又如经济统计学中的指数分析法、医药统计学中的生存分析等。

在医药、保险等领域，常常需要了解特定疾病的预后情况、评价治疗方法的优劣，因而需要对研究对象进行追踪观察，并对其结局和出现该结局的时间进行分析。具体如使用乘积极限估计（Kaplan-Meire）方法计算生存函数、使用格林伍德公式（Greenwood's formula）评价生存函数的误差、使用时序检验（log-rank test）比较组间生存时间等。这些都是生存分析中基于特定需求产生的应用统计方法。

1.2 统计学科发展历史及现状

德国统计学家、国势学派代表人物施洛兹（August Ludwig von Schlozer，1735—1809）曾说："统计是动态的历史，历史是静态的统计。"统计学起源于对国家事务、自然现象等社会经济问题的研究，一直与社会历史的发展紧密关联。

早在古希腊时代，亚里士多德就用文字对希腊城邦政情进行了比较与描述。17世纪时，"城邦政情"式的统计工作在德国受到空前重视，形成了"国势学派"，又称"记述学派"。国势学派的代表人物尼曼曾把统计学看作将收集到的事实加以整理和记述的学问，认为统计研究需要解决的问题是建立数据指标反映社会现象。

17世纪末，随着资本主义市场经济的发展，对事物量的计算和分析显得越来越重要。1672年，威廉·配第（William Petty，1623—1687）的代表作《政治算术》问世。他运用数字、重量和尺度方法，对当时英国、法国和荷兰的国家经济实力作了系统的对比分析，推动古典统计研究从"城邦政情"式的描述纪要向注重定量分析的政治算数学转变，为近代统计学奠定了基础。英国统计学家约翰·格朗特

(John Graunt,1620—1674)以伦敦教会公布的"死亡公报"为数据资料,提出通过大量观察法可以得到死亡率与人口寿命等规律,引起了广泛关注。而人口统计如男婴、女婴出生比例等问题的出现,也对二项分布等早期概率统计的研究起到了推动作用。

这一时期的统计学发展正处于萌芽阶段,被称为"古典统计学",详细内容可进一步参考高庆丰的《欧美统计学史》[1]。18 世纪,瑞士数学家伯努利(Jacob Bernoulli,1654—1705)的遗著《推测术》在总结了过去对赌博机遇问题讨论的基础上,确立了二项分布的一般形式,明确提出了影响至今不衰的"伯努利定理"。这本书不仅是概率论发展史上的里程碑,而且提出了在统计学具有根本性重要地位的大数定律的早期形式。随后,法国数学家拉普拉斯(Pierre Simon Laplace,1749—1827)推导出男婴出生比例的渐近公式,并首次将数学分析系统地运用于概率论,由此导致了建立在概率论基础上的统计学发生了质的飞跃。

19 世纪初,德国数学家高斯(Johann Carl Friedrich Gauss,1777—1855)引入正态误差理论,首次导出了正态分布,并由拉普拉斯利用中心极限定理进行论证。随后,正态分布逐步应用于统计学并大放异彩,误差理论和大数定律等方法使统计学拥有了较为坚实的理论基础,扩展了统计学的应用范围。随后,达尔文(Charles Robert Darwin,1809—1882)借助了生物计量即统计方法来研究和整理其标本,社会学家凯特勒(Adolphe Jacques Quetele,1796—1874)使用了拉普拉斯的概率统计来解释社会现象。

在 20 世纪以前,统计学研究的对象主要集中于社会统计(尤其是人口统计)方面,所面对的数据一般都是大量的、通过自然观察得来的,因此多采用以拉普拉斯中心极限定理为依据的"大样本"统计方法,具体如奎特奈特将正态分布用于对士兵胸围的拟合等。而到了 20 世纪初期,随着人工控制条件实验的兴起,由于有些无法多次进行的实验只能获得少量数据,依赖于近似正态分布的传统"大样本"统计方法开始招致疑问。如何根据少数数据(小样本)来判断其实验结果的正确性,成为当时亟待解决的问题。

1908 年,英国统计学家戈塞特(William Sealey Gosset,1876—1937)在各种实验中另辟蹊径,他以"Student"为笔名发表的论文《平均数的规律误差》开创了小样本统计理论的先河。由此,统计研究从强调大样本方法且偏重描述分析的时期,进入到以概率论为基础的统计推断时期。如孟德尔及其后继者贝特森等人的遗传实验,多采用小样本方法来处理数据和推断理论。

19 世纪 20—30 年代,著名的统计学家费希尔(Ronald Aylmer Fisher,1890—1962)来到罗沙姆斯泰德农业站任职。他利用农业站丰富的试验数据与资料,发展出随机化、重复和混杂等试验设计思想,确定了方差分析、样本分布理论和 F 统计量等重要的统计理论,开创了统计学的新纪元。此外,内曼和皮尔逊在前人的基础上系统地提出了假设检验,促进了统计研究的规范化,数理统计学的基本框架由此产生。

19世纪40—50年代,统计学家以概率分布的形式对各种随机现象的数量特征进行归纳和描述,如以英国统计学家为主开展了对一般极值分布理论的研究。1934年,内曼证明了分层随机抽样总体而言是比配额抽样更优的估计方法。1946年,瑞典统计学家克拉美(Harald Cramer,1893—1985)的著作《统计学数学方法》出版,这本书总结了统计学史上的主要研究成果,是第一部严谨而系统的统计学著作,标志着数理统计学成为一门成熟的学科。

19世纪60年代初,美国统计学家瓦尔德(Wald Abraham,1902—1950)的《统计决策函数论》一书出版,书中提出了损失函数、风险函数、极大极小原则和最不利先验分布等重要概念,发展了统计决策理论。20世纪60年代是偏差有效推定理论盛行的时代,统计学家们采用古典的方法论成功地解决了概率分布假设与实际分布偏离的问题,但其研究所假设的概率模型侧重于数学形式上的完整可能,而对所遵从的概率分布的拟合准确性考虑欠缺。在后来的系统控制论中,分布偏差有效推论起到了重要作用。

19世纪70年代可以被认为是规范化线性模型的时代,自高斯创立误差与正态分布理论及最小二乘法以来,正态分布的假设已经发展到将共变量的条件分布线性模型化。其方法论的核心是剔除正态性的假设,实现了包括从二项分布到伽马分布的规范线性化。此理论与概率随机过程理论相结合,促成了对医学数据可进行深入考察的生存分析的产生。

到了19世纪80年代,一般多维极值分布的结构得到了明确阐述,Galamboshe和Leadbetter等人的著作对极值理论的概率论做了进一步介绍。随后,统计学对计算机的利用引人瞩目。数据自举法(bootstrap)、回归变量的推定等非参数估计方法应运而生,使统计理论得到迅速发展。

19世纪90年代,对马尔可夫链蒙特卡罗理论(Markov chain Monte Carlo,MCMC)的研究为建立可实际应用的统计模型开辟了广阔的前景,也使贝叶斯统计得到了再度复兴。过去的应用问题中都存在着分析对象较复杂和难以正确识别模型结构的问题,现在通过使用统计软件进行MCMC模拟,可以解决许多问题。

统计方法可应用于设计决策的所有领域,有对业务信息进行汇总统计生成月度报表的描述性的统计应用,也有通过建立统计模型进行预测等的推断性的统计应用。理论研究为现代统计学奠定了基础,而统计学的发展离不开应用。统计学在应用中诞生、发展、成熟和独立,既在发展过程中扩大自身应用领域,又与其他学科紧密结合形成新的边缘学科。在20世纪,作为通用的方法论科学,统计学逐渐覆盖了社会生活的一切领域,并发展出心理统计学、环境统计学和地理统计学等二级学科。更多关于统计学的历史和详细内容,可以参考《欧美统计学史》[1]《数理统计学简史》[2]和 Encyclopedia of Statistical Science[3]。

如今,统计学仍然是一个活跃的研究领域。现代计算机的广泛使用加速了大规模的统计计算,统计软件的出现简化了以往数据收集、处理、分析、存储和传递等过程,既提高了统计工作的效能,也扩大了传统和先进统计技术的应用领域。在当下热门的人工智能领域中,统计学也扮演着至关重要的角色,从数据的收集整理到底层算法的构造,其发展是建立在统计学基础上的。因此,诺贝尔经济学奖得主托马斯(Thomas J. Sargent)在参加世界科技创新论坛时表示:"人工智能其实就是统计学。"英国统计学家哈斯利特说:"统计方法的应用是这样普遍,在我们的生活和习惯中,统计的影响是这样巨大,以至于统计的重要性无论怎样强调也不过分。"可见统计学在现代化管理和社会生活中的重要地位。

1.3 新时代特点

自 20 世纪 90 年代以来,随着信息技术的发展,统计学的应用环境发生了很大的变化,主要体现在以下几个方面。

首先是数据应用领域的拓宽。以往数据的使用主要集中在研究领域,所得数据多来自实验,但如今各行各业都开始重视数据分析工作,将其运用于企业管理、战略规划等商业领域。这就意味着统计工作者同时需要扩大知识面,多与各行各业进行交流,了解实际应用中的需求,并有针对性地将统计学运用到解决更多的实际问题中,而不仅仅局限于目前已有的领域。同时,统计学应用领域的拓展意味着统计产品的最终使用者不一定具备很高的学术素养,这就使以往进行统计分析时常用的冗长的报告形式不再适用,统计工具的研发者需要采用更贴近实际、便于大众理解和使用的方式呈现内容。除此之外,要想将统计工作运用于商业分析,需要进一步提高工作效率,例如如何利用统计分析帮助决策者在瞬息万变的市场中把握机会、及时调整经营策略等,这样的问题在金融等许多行业都很常见。

其次是数据产生场景的变化。从 20 世纪初人们开始对实验数据进行分析以来,使用的数据大多是通过设计采集得到的,因此在客观条件上限制了所能获取数据量的大小。但现在,由于计算机和网络技术的发展,大量数据实现了自然记录,例如:网络浏览记录、交通出行记录等。这就导致数据的规模和多样性增加。同时,由于应用领域的不断扩展,人们所需处理的数据类型也在增加,例如文本分析等。这就是常用于形容大数据时代数据特点的"3V",即体量大(volume)、速度快(velocity)、类型多样(variety)。

面对新时代数据的特点,统计学所面临的新的挑战一方面在于通过自然记录得到的数据大多是"粗数据",即数据质量可能较差,数据存在不客观、包含分析错误或误导性等。在实际处理过程中需要一方面对数据进行大量的、复杂的清洗工作,这是传统统计工作中较少遇到的情况。另一方面,数据类型的多样性要求人们不断开发出新的处理方法。例如,除了二维结构化数据外,还出现了大量图片、音频、视频等非结构化数据。此时,传统的统计分组、频数分布等方法难以适用,数据仓库成为新环境下数据整理和存储的依托。

最后,人们在新时代所使用的数据处理技术也与以往大不相同。从数据的整理和分析阶段来看,出现了针对大规模结构与非结构化数据管理的处理技术,包括并行处理数据库、分布式文件系统和云计算平台等。除了 SAS,R,Python 等常见的统计分析软件外,还要适应和使用新兴软件,例如 Hadoop,NoSQL 等。同时,数据的爆炸性增长使人们急需有效展示、理解和演绎数据的工具,刺激了数据可视化方法的创新。目前,计算机的功能已经远远超出了计算本身,其更重要的功能是可以广泛大量地进行各种数据信息的检索处理,使统计工作更高效,在一定程度上实现自动化。比如:利用八爪鱼爬虫工具进行网页数据爬取、使用 Oracle 管理数据和使用 JavaScript 做前端设计等。

上述几个方面都是由统计学外部环境发生的变化带来的问题。这些问题并不能通过以往统计学的理论框架解决,也不能通过单纯地设定数学假设和修改概率模型解决;而是需要统计工作者们在实际工作中根据需求不断调整、适应,探索新的方法,学习新的技能,更好地将统计知识与实际问题相结合。

此外,在新时代的统计工作中,我们还需要警惕对大数据的盲目追求。大数据的处理方法固然有其优势,但并不意味着所有问题都需要使用它来处理。在很多情况下,使用传统统计学研究的方法已经足够解决问题。有时,由于许多大数据研究的方法要求已有数据范围覆盖整体,其建模效果甚至不如方便易用的传统回归分析,所以我们又何必舍近求远呢?在实际应用中,我们应该把解决问题作为出发点,而不是盲目地问"现在我有一堆数据,应该怎么使用?"这也是在大数据时代背景下,人们常犯的错误之一。

从以往案例来看,这样的盲目主要源于以下 3 个方面:一是在很多传统行业中,数据本身规模不大,无法直接套用大数据建模时常用的方法。二是建模时所使用的数据量并不总是越大越好。在解决实际问题时,不同的数据所具有的价值差异很大,如分析世界杯各个球队的数据,由于每一届球队实力变化很大,使用历史数据的预测结果可能不如只使用最近一届的数据。三是一般企业无法负担大数据对设备、技术的高要求导致的高成本,也可能造成资源的浪费。事实上,无论是统计理论的发展还是新时代的特点,都并未改变统计应用的基础框架:从问题出发,确定所需数据和技术方案,采集所需数据并进行处理分析,输出分析结果。

1.4 统计方法与工具在新时代的变化

面对新时代的特点，统计学与其他学科一起，在不同的方法和工具上加以尝试，迎接挑战。

首先，在数据处理方法上，各种机器学习算法的提出与完善，让人们能够借助计算机进行大量的数据计算，从而从数据中提取有价值的信息。例如，人们熟知的支持向量机算法（Support Vector Machine，SVM）就是通过构造核函数的方法将数据映射到更高维的空间中进行分类。同时，机器学习算法也可以处理带有丰富意义的自然语言。例如，利用Word2Vec对词向量进行有效处理。但机器学习在帮助人们解决一些实际问题的同时，也留下了新的问题，模型解释性差，通过机器学习所得的结果通常难以解释，人们并不清楚具体过程的含义；对设备要求高，需要先进的数据存储方式和高性能处理设备进而导致在实际应用中的高成本；基于数据驱动而非需求驱动，导致分析目标不明确，探索工作效益较低等。

其次，在数据处理流程上逐渐将处理过程分装，以达到方便操作的效果。例如，ML Pipeline 为使用者提供了一些标准化的高质量组件，让使用者能够进一步利用这些组件构建自己需要的机器学习流程。这些规范化的组件包括数据框的转化和常用的分析算法，这样便建立了数据转换器库、机器学习模型库、Pipeline库等，将完成某一特定任务设计的数据转换、机器学习模型及执行任务的步骤封装起来，实现数据分析自动化，提高工作效率。从最初SAS将回归过程封装化到各种各样R包的开发和使用，再到ML Pipeline，这样一种将数据处理流程规范化、集成化的趋势一直存在，给数据处理工作带来更多便利。

最后，在数据处理工具的开发上，新时代的数据处理工具更加注重功能的整合和结果的呈现：利用 R Markdown 根据数据处理结果快速生成报告文档，能够实现数据分析结果与报表的一体化，节约统计工作的时间；利用 Shiny 可以直接在 R 中设计交互式App，便于用户使用，将数据分析与前端设计相结合等。

以上努力虽然对在统计工作中合理利用工具、应对大规模多样化数据、实现部分自动化均具有启示作用，且提供了很多便利，但是并未完全解决统计工作在新时代面临的问题。

1.5 统计产品的概念、特点与发展现状

除上述在工具和方法上的更新外，更重要的是新时代统计工作的整体形式需要有所改进。在新时代的统计工作中，我们需要以"统计产品"的形式输出成果，在

充分利用其他学科工作成果的基础上,结合统计学的思维工作方式,使统计学工作者的工作产出更加高效、实用。

1.5.1 统计产品的概念

在定义统计产品前,我们首先需要理解"产品"是什么。广义的"产品"指的是满足人们需求的载体、劳动过程的成果。其中强调了需求的重要性,即产品的诞生和后续的改进都是为了满足人们的特定需求。

清楚了"产品"的概念之后,我们可进一步对于统计产品做出概念界定:统计产品是通过针对用户需求确定开发方案,将统计知识应用于数据采集、数据处理、分析建模等过程,并最终保证用户体验友好的个性化产品。

如果这个说法比较抽象,我们可以进一步比较"统计产品"与传统"分析报告"之间的差异。这种差异主要体现在是否具有"产品性"上。从内容上看,传统的"分析报告"侧重于自身逻辑的严密性、内容是否详尽;而"统计产品"则强调"个性化",即有针对性地提供服务。从形式上看,"分析报告"较为固定,一次完成产出之后基本不再变动;而"统计产品"则可以根据用户输入调整输出,实现交互性的效果。综合以上两点,反映在用户的使用体验上,传统的"分析报告"忽略了使用者群体在职能、知识背景等方面上可能存在的差异,对统计工作的需求也相应存在差异,且由于其形式的固定,导致使用者在使用统计工作成果时颇为不便。

此外,近年来"数据产品"的概念也时常被提起,统计产品区别于数据产品的关键在于二者适用场景的不同,数据产品是由数据驱动的,其主要目的在于挖掘已有数据中的潜在价值。而统计产品是为解决特定问题而产生的问题导向型产品,其中还包含了对于原始业务问题的理解与抽象建模,对所需数据内容、形式以及获取方案的规划等。相比之下,统计产品涉及的内容更丰富,目标更具体。其他关于统计产品的相关讨论可以参阅刘晓梅[4]、赵乐东[5]、钟将材[6]和Janhunen[7]的相关工作。

1.5.2 统计产品的特点

从统计产品的使用和开发过程中,结合新时期统计工作的需求,我们大致可以总结出其应该具有的以下特点。

(1) 用户友好,操作方便易懂。

不同于以往的研究报告,统计产品作为一种产品,首先要考虑的是用户体验,迎合新时代对统计工作"服务性"的要求。具体表现在:用通俗易懂的语言代替统计术语,尤其在应用到具体领域中时,需要用该领域中的实际含义对统计结果加以阐释,以自然的方式输出统计结果。同时,注重统计产品的"个性化",即在使用群体多样时,应能够根据使用者职能的不同提供针对性的服务。此外,统计产品还应具有"敏捷性",以保证能够根据业务变化及时更新。

(2) 环环相扣,统计理论做支撑。

将统计知识运用在产品开发的各个环节中,从问题分析入手,包括数据的设计、采集和预处理等环节,以及后续描述统计、统计建模等过程。以此保证数据处理和分析以及最终结果阐释输出全过程的科学依据。

(3) 内容丰富,生产所需知识体系复杂。

统计产品的开发涉及多方面的知识,首先是对于业务内容需要充分了解,这保证了问题分析和数据处理过程的合理性,避免了统计工作和业务逻辑之间的冲突。其次,在具体设计方案实施过程中需要考虑计算资源、数据的安全存储与传输、产品界面设计等内容,因此需要了解计算机、网络等多个领域的相关知识,体系较为复杂。

(4) 多方合作,生产过程复杂。

在保证各方知识体系完备的前提下,在开发生产过程中还存在多方合作交流的问题。需要统筹规划业务、前端、接口、后台之间的分工,确保产品内容和业务逻辑在理解上的统一,避免因沟通不顺造成返工和资源浪费。

(5) 提高效率,开发要求高。

最后,由于新时代实际业务环境的变化较快,对于用户提出的需求应尽可能高效地完成,在降低成本的同时保证用户满意的产品质量和较短的开发周期。这提示我们在统计产品的开发生产过程中,需要规范产品,追求统计工作的可重用性。例如规范采集、存储数据的形式以避免在相似问题中重复采集数据;对于相似的业务场景可采用同一套描述分析方法和模型进行处理。

如能做到以上几点,一个成熟的统计产品的轮廓就可以被大致勾勒出来了。

1.5.3 统计产品的发展现状

近年来,随着数据科学的不断发展与应用,人们逐渐意识到数据的潜在价值,不再满足于将统计学仅仅作为定期回顾、汇报的工具,而希望将其作为决策的重要依据。在政府方面,不仅需要强调数据的真实性,还需要增强对经济变化的敏感性,加强对重点、热点问题的跟踪监测和深层次问题的研究,进一步扩大统计分析的深度和广度。同时,提出建设"服务型统计"的目标,努力为非政府用户提供更好的服务。在非政府方面,商业决策过程越发依赖于统计数据分析。基于各行业的需求,当前统计产品正处于蓬勃发展的时期。

在以往的统计工作中,我们往往采用"统计报表"和"分析报告"作为统计产品的主要输出形式。目前,我国有十几万政府统计人员和上百万非政府统计人员在开展统计报表的相关工作上,这种自下而上统一的指标含义、计算方法和统计口径的方式保证了统计质量。截至 2012 年,全国各类统计调查项目超过 300 个、近 3000 套报表、指标超过 30 000 个,统计报表工程需要大量人力、物力、财力。同时,现代商业决策需要综合处理多方面的信息,且讲求时效性,分析报告产出时间较长,不能满足这一需求。由于这类静态成果具有一次产出、不可交互的特点,其中的信息使用效率不易提升,统计报表形式的规范性也限制了其个性化的可行性。这些问题都对新时代统计工作成果的形式和特点提出了更高的要求。

从应用场景来看,目前统计产品的应用领域十分广泛,且仍在不断拓展中。在政府统计方面,统计政务电子化作为政府电子政务的重要一环,资料编辑的信息化水平在不断提高。统计基础数据采集、统计数据整理、统计数据质量控制、统计信息发布、统计数据解读、统计指标诠释以及统计信息资源管理等统计工作的电子化程度显著提升。在企业管理方面,随着现代企业的计算机网络化的发展,系统化管理日益完善。企业不仅需要简单描述统计信息,还需要统计参与生产经营管理过程,直接获取对企业生产经营过程的监控信息,并能对企业一定时期内的生产经营状况进行综合性的评价并动态揭示其变化规律,为企业的决策者和生产者、经营者、管理者提供强大支持。此外,广大社会群众也已经形成了庞大的统计需求群体。总而言之,统计信息用户的广泛性和各种用户的特殊性使统计产品被广泛接纳。

从开发工具来看,统计产品的数据挖掘、数据可视化和前端设计工具日益多元。神经网络和深度学习是时下人工智能领域的热点研究方向,通过机器学习可以深度挖掘数据的潜在信息,并将统计产品作为智能分析接口,将机器智能和人类智能相结合。在数据可视化方面,Tableau 和 Power BI 等软件都可以对数据进行多维度多层次的丰富展示,从而为决策提供数据信息支持。另外 CSS、JavaScript、HTML 等网页语言的成熟也使网页布局、网页响应、前端开发和网页交互的功能更加强大。

从开发流程来看,开发过程的标准化、自动化和复用,以及模块抽象、重构和抽取也取得了一定进展。通过 MySQL、ORACLE 等数据库实现数据的存储和分析引擎的整合,通过 R Markdown、Shiny 等工具进行报表和前端设计的整合,通过 Python 实现数据处理与建模的整合和标准算法库的构建,通过建立分模块管理的 Django 框架实现对全局的部署等突破,使统计产品中各个环节的接口设计得以统一。

尽管统计产品在应用场景、开发工具和开发流程等方面已经取得快速的发展,但其庞杂的知识体系、需要多方协调的复杂流程以及缺乏完善的统计产品实践规范,导致统计产品在实际的生产开发过程中还存在着以下问题。

首先，在缺乏工程思想的指导下，工作流程容易出现混乱。产出统计产品是一个系统的流程，而由于没有建立工程化的控制体系，不同对象对统计产品需求不一以及需求管理的空白，需求变动频繁；生产管理缺乏系统性使生产效率低下；各环节之间缺乏协调性导致各部门各自为政，未能成为一个有机统一的整体。在产品完成后又缺乏对系统和模块进行分析、重构、归档的意识，开发文档不够齐备就会导致在出现问题时，需要投入多倍的资金来解决"无根无据"的问题并弥补之前遗漏的开发工作。

其次，由于没有形成从问题到产品的实践框架，开发效率低下。生产统计产品首先需要根据用户的个性化统计需求决定产品的结构、功能、标准和质量。但不同需求之间总是存在相似的模块部分，如果划分为模块单元，代码的复用率会大大提升，从而可以节省大量开发时间。而如果可以通过积累的需求进行分析并最终抽象为模块库，在下一次开发过程中就可以经过修饰调整或直接投入使用，从而整体缩短开发周期并提高系统的稳定性。当前统计产品的系统构架由于缺乏层次性的模块划分，各个流程间低内聚、高耦合的问题难以避免。因此，通过合理建立开发过程中的实践框架，可以提高开发效率并适应更广阔的需求。

最后，由于没有完整的任务流程和规范准则，统计产品的质量无法得到保障。开发经验并未成为系统设计技术的积累而成为个人经验，在缺乏标准的前提下，产品质量又完全依赖于个人能力和主观判断。出现问题全在事后调整，事前预防重视不足，事中又缺乏衡量任务完成质量的指标。在出现人员调动或离职等流动性问题时，套用旧有模板应付交差的情况难以避免，一时省事只能带来短期利益，使最终产品的质量无法得到保障。

基于以上对于统计产品发展现状的分析，本书旨在探讨统计产品的工业化生产问题，为低成本、高效率产出高质量的统计产品提供理论指导和实践指南。实现将数据从宏观到微观的整合分析，构建生态环境实现从数据到统计产品的转化，并将工程化的思想应用于统计产品的开发。

第2章 统计工程

2.1 工程概述

2.1.1 工程的概念

工程与科学、技术既有区别又有联系。工程是科学与技术的应用,而科学与技术是工程实现的前提。科学是人类探索和研究自然、社会现象的知识体系的总称,其主要任务是认识世界。技术是人类为社会需要而创造和发展的方法、手段和技能的总称,其主要任务是改造世界。工程是人们将科学原理和技术手段应用到各个生产领域的具体活动。

工程通过应用科学和技术,使自然界的物质和能源的特性能够通过各种结构、机器、产品、系统和过程,以最短的时间和最少的人力做出高效、可靠且对人类有用的物品。在长期的工程实践中,人们应用科学原理和技术手段进行研究、设计和开发,并逐渐形成了种类繁多的专业工程,如水利工程、化学工程、土木建筑工程、遗传工程、系统工程、生物工程、海洋工程、环境微生物工程和软件工程等。

在现代社会中,"工程"一词有广义和狭义之分。就狭义而言,工程被定义为"以某组设想的目标为依据,应用有关的科学知识和技术手段,通过一群人的有组织活动将某个(或某些)现有实体(自然的或人造的)转化为具有预期使用价值的人造产品过程"。就广义而言,工程则被定义为由一群人为达到某种目的,在一个较长时间周期内进行协作活动的过程。

2.1.2 工程的原则

IEEE 和 ACM 在 2004 年提出了工程的 7 条基本准则,适用于所有工程应用领域。

(1) 规划性:工程计划制订的一系列决策都需要仔细评估,以达到成本和利益的平衡,并在实施过程中强调使用规范。

(2) 研究性:开展工程实施的实验室研究,再进行实地测量工作,校准和验证测量结果,并基于实验和实际情况进行逼近和调整。

(3) 累积性:工程项目很少零建设,通常前期已有部分可靠的工作基础,并在每一个新增步骤上,选择适合当前任务的方法,逐步累积实现。

(4) 团队性:通常,工程项目需要研究、开发、设计、生产、测试、构建、操作、管理和其他等环节;也需要销售、咨询和培训等团队合作开展,团队的协助和合作非常重要。

(5) 工具性:工程师通常采用工具系统地实施过程,因此,合适工具的选择和使用是工程的关键基础。

（6）集成性：借助可获得的专业技术，通过定制开发和验证准则与联调联试等方式保证工程项目的质量与效率。

（7）复用性：设计、模块和成果能够被独立开发和维护，以便被工程师重复使用。

2.1.3 工程的方法

方法是人们用以实现目标的手段。工程方法是指工程活动中所使用的具体方法。从方法论的角度看，工程方法具有以下特点。

（1）工程方法的整体结构包括硬件（hardware）、软件（software）和斡件（orgware）3个部分。硬件是指工程活动所必需的设备和工具等，软件指硬件的操作方法、程序等。斡件是指工程活动的工程管理，没有合理的管理，工程活动就会陷于混沌状态，无法实现工程的目的。

（2）工程方法以创造和提高效益为基本目的和基本标准。

（3）工程实践中不可能仅仅使用单一的工程方法，必须把所需要的诸多方法集成为一个"工程方法集"，才能真正在工程项目中发挥作用。

常见的工程方法包括控制复杂性方法、成本估计方法、效益度量方法和价值分析法。

1. 控制复杂性的方法

工程项目往往由多个相互制约和相互影响的子项目结合形成，在不同实施阶段，工程还会呈现出复杂多变的特性。控制工程复杂性的基本方法是抽象、分解和迭代。抽象是指从众多事物中抽取出共同的、本质性的特征，舍弃个别的、非本质性的特征，要求在深入了解实际问题的基础上，熟练地应用技术来实现从现实世界到模型的映射。分解是指把单个复杂问题简化为若干个简单问题，再逐个加以解决。迭代意为反复、循环。通过对工程核心活动的重复应用，实现对问题定义和解决方案的连续细化。

2. 成本估计方法

工程成本是工程活动中所发生的、按照一定的对象进行分配和归集的各种耗费的总和。具体而言，工程成本包括人工费、材料费、管理费、机械使用费等。为了在规定的时间和成本内生产出高质量产品，成本估计是关键方法。

自顶向下估计和自底向上估计是两种基本的成本估计方法。自顶向下估计着眼于整体，根据项目的整体特征，首先估算出整个工程的总成本，然后按照阶段、步骤和任务进行成本分配。而自底向上估计是从一个个任务单元开始估算，进而相加得到工程总成本。此外，算法模型也是成本估计的有效工具。算法模型由理论导出或历史经验得到,避免了成本估计中主观因素的影响。

3. 效益度量方法

工程方法以创造和提高效益为基本目的和基本标准。最终成果的效益直接决定项目的投资意义,因此在进行项目前应使用科学合理的方法度量效益。其实质是从多个待选方案中,对单个方案的效益价值进行评价和比较,选择出最佳或者较佳的方案。

效益可从货币时间价值、投资回收期和纯收入几个方面来度量。货币时间价值指经历一段时间的投资和再投资后,货币增加的价值,是没有风险和通货膨胀下的社会平均资金利润率。投资回收期指从工程项目的投建之日起,用获得的净收益偿还原始投资所需的年限。通常投资回收期越长,投资风险越高,反之,投资风险越低。纯收入是整个项目周期之内系统的累计经济效益(折合成现值)与投资额之差,用以衡量工程的利润。

4. 价值分析法

价值分析法是一种系统的工程经济分析方法。它以功能分析为核心,通过对产品各项功能的分离、计量、计算和评价,选择以最小成本提供必要功能、获得较大价值的方法,使用灵活效果较好。价值分析法并非片面地要求降低成本或提升产品功能,而是将技术与经济有机结合,依据功能与成本的关系寻找最佳方案,以适用于工程的设计和改进。

2.1.4 工程项目的全过程

工程项目的全过程主要包括以下 6 个阶段。

1. 想法

想法阶段通常从一个社会生活问题开始,最关键的部分是定义问题,并确定工程想要达到的预期总体目标。问题的陈述通常要求对其可行性进行研究,可行性代表着想法能否实现的可能性。高可行性意味着工程所需的人力、技术和时间等资源很容易获得,而低可行性意味着资源可能是稀有的或者根本不存在。

2. 概念

概念阶段通过头脑风暴产生了大量概念,要将其融合并得到一个最适合的概念。简单来讲,此时工程决策者将思路进一步清晰化,对工程的成果目标(功能)和实施方案做出总体构想,以促进想法转化为可执行的方案规划。概念阶段以单一概念的选择结束。

3. 规划

规划阶段是为了制订工程的基本实现计划,包括人员、任务、任务持续时间、任务依赖关系、所需预算等。当面对复杂的大型工程时,计划评审技术和关键路径法是策划和安排工程项目进程的重要方法。有许多工具可以用于向团队成员传达工程规划信息，例如前导图、箭线图、网络图和甘特图等。

4. 设计

设计阶段的任务是按照工程规划对工程单体和专业要素进行详细的定义和说明，建立具体规范并完善规划细节。工程设计是分阶段逐步深化和细化的，其主要目的是将客户需求和工程模型转换成工程师可以用来设计和构建工作原型的规范。这一阶段的常见任务是使用带单位的数字进行详细描述，如 10 米、2 千克、20 天完成时间等。

5. 开发

开发阶段的任务是在确定性约束条件下，优化工程实施过程，将设计方案变为项目实体，如图纸、源代码等设计信息，以演示工作原型如何解决问题。具体来说，开发阶段是设计、构建（实现设计）、测试和调试的迭代过程。通过实验对设计现状进行评估，并与期望结果进行比较，以验证预期的解决方案是否满足客户需求。如果测试结果和预期不一致，则需要通过调试来纠正操作以解决差异。

6. 发布

当工作原型演示出预期功能并完成所有资格测试后，便可将工程设计和文档包发布。在产品运营一段时间后，可依托于生产和经营过程进行分析和研究。

2.1.5 工程管理

由于工程具有周期长、规模大、复杂度高等特点，需要通过管理使其能够有秩序、按计划、高效率的实施。工程管理是指为了实现预期目标并充分地利用资源，对工程所进行的决策、计划、组织、指挥、协调与控制活动。美国工程管理协会将工程管理定义为对具有技术成分的活动进行计划、组织、资源分配以及指导和控制的科学和艺术。

工程管理主要由战略管理和项目管理两部分组成。战略管理从全局角度确立工程的战略目标和总体规划，如统筹工程设计、建立目标体系、制订详细计划。项目管理是将确定好的工程计划付诸实施，如承担技术咨询、协调相关人员、进行质量管理。从工程对象的类型来看，工程管理又可以分为重大工程建设实施管理、复杂新型产品开发、制造和生产管理，以及技术创新、战略研究的管理。

工程管理是管理学在工程领域的应用。系统工程思想贯穿着工程管理的全过程，强调系统整体与部分之间的相互联系和相互作用，是一种从系统总目标出发，立足整体，统筹全局，协调处理的科学方法。控制理论、组织理论、信息管理技术的最优方法是工程管理的方法和理论基础，用以提升工程管理效率和对工程进行高效率地计划、组织和控制。

2.2　统计工程的概念

统计工程是指采用工程的概念、原理、技术和方法，在计划、实施、管理统计工作的过程中，将科学的管理和最佳的技术方法紧密结合，以比较经济的手段输出在功能和性能上均满足用户需求的可靠的统计产品的一系列方法。

统计工程是对传统统计工作的继承和发展。它继承了传统统计工作的框架，即从问题出发，确定所需数据、设计技术方案，采集所需数据，根据问题对数据进行处理分析，最终输出分析结果。在此基础上，为适应新时期特点，统计工程强调输出统计产品而非分析报表；强调统计产品驱动而不仅是问题驱动；强调通过系统、规范、有序的过程来管理统计工作；强调控制成本、提高工作效率和最终输出产品的质量。

统计工程可以是提高统计工作的服务性、统计工作输出的产品性，统计工作的产出效益。它的最终目标是以非专业、更自然的方式呈递统计结果为基础数据产品，以此推广统计在生产领域的应用，提升统计工作输出的质量。

2.3　统计工程的特点

1. 时代性

统计工程是新时代统计工作面临挑战的产物。传统统计工作更多地应用于学术研究、政府部门调查、企业重大决策等，如研究老年人心理健康影响因素、分析"一带一路"政策对新疆经济的影响、探究企业转型策略等。这些项目具有规模大、周期长、成本高、专业门槛高、一次收益高的特点。

随着数据采集、处理技术的发展，统计工作也更多地应用于金融、互联网等数字化程度较高的企业，帮助企业进行日常决策。但由于对数据设计、数据采集端的重视不足，在进行统计分析时会面临关键数据不可得、数据规模庞大、数据结构复杂、数据价值密度低的问题。上游数据的问题又直接造成了数据处理、分析的困难，表现为对机器设备性能的高要求、数据清洗处理过程繁杂、数据分析思路不明确、统计工作周期长和成本高等。

针对上述传统统计工作面临的问题，统计工程提出将工程化的思想应用于统计工作生产中，用生产统计产品的思维来管理统计工作。具体到实践中，即统计工作要紧紧围绕用户对统计产品的需求，根据需求有针对性地获取所需数据、设计技术方案，并利用工程化思想系统、规范、有序地对统计产品的生产过程进行管理。作为产品，最终输出应注重用户友好性，如个性化、交互性、可读性等。

统计工程通过缩短工作周期、降低成本、输出用户友好的统计产品而非分析报表等方式，提高统计工作的普适性，使统计工作能更广泛地应用于生产领域的日常决策，符合新时代的要求。

2. 结果导向

当前数据挖掘广泛应用于企业决策，它以数据为导向，旨在从庞杂的数据中分析客观规律。如前所述，以已有数据为出发点进行分析，会面临关键数据缺失、数据处理分析难度大且成本高的问题。

区别于数据挖掘，统计工程以需求为导向。首先明确用户对最终统计产品的要求，包括功能上和性能上的要求。然后根据要求对所需数据、数据采集端进行设计，并有针对性地对数据进行处理分析，按照要求进行前端、后端设计，最终交付满足用户需求的统计产品。

结果导向的优势在于明确了统计工作的目标，使数据采集与分析变得有针对性，数据质量得到有效控制，缩小了数据清洗的工作量，降低统计工作的难度和成本，并使最终输出满足用户需求。

3. 强调高度的组织管理性

统计工程强调工作过程的系统性、规范性、有序性，强调人员协作的协调高效性。相关观点受到张林[8]和朱少民[9]的启发。

当前，统计工作由于缺少任务框架、任务流程、准则规范的指导，表现出无序、效率低下、最终输出质量低下、结果不可再现等问题。而系统、规范、有序的工作过程可以保证高效、低成本地输出高质量的统计产品。具体的实践包括建立任务框架、规定完成各项任务的具体步骤、制订每一个任务需要遵循的准则规范。

此外，一项统计工作往往涉及多部门、多专业领域的人员，沟通效率直接影响着统计工作最终输出的质量。如由于当前业务需求方未能与统计工作者进行充分及时的沟通，导致统计工作不能及时地调整更新，造成最终输出不符合最新需求、需要返工等。统计工程强调在项目开始就明确相关人员的职责，确保所有人员明确自己在每一个任务阶段的责任。

4. 以加强人的认知为目的

统计工程区别于机器学习、数据工程。机器学习以训练"聪明"的机器为目标，让机器从大量的数据中学习规律、学习模式，而后应用规律；数据工程以建立一个便于查询利用的数据库为目标，旨在对现有的数据进行科学管理，以便充分利用其价值。而统计工程从获取需求开始，通过数据建模、数据分析，最终给出切实可行的结论。它更关注人的认知，以加强人对现实问题的认知为目的。

5. 强调工具的合理利用

统计工程的目标是以最短的时间、最低的成本生产出高质量的统计产品。而随着数据规模扩大、数据类型多样化、数据分析复杂化，统计工作必须充分利用数据采集、数据管理、数据分析等工具，才能高效地、高质量地完成任务目标。如根据数据规模、类型、调用频率等，选择合适的数据库对数据进行有效的存储管理；利用函数包实现数据分析的部分自动化；利用 Pipeline 实现数据处理分析一体化；利用 R Markdown 实现分析代码与分析结果一体化；利用 Shiny、JavaScript 进行前端设计等。对于周期性任务，使用编程式的软件可以实现统计工作的可重复性，大幅提高工作效率。

2.4 统计工程的原则

1. 规范性

规范性是指统计产品生产过程中的每个任务、每个步骤都有一定的标准和规范。它以目标为起点，推演应采取的措施或行为。统计工作的规范性表现在确定的任务框架、明确的任务步骤、数据标准、数据管理规范、数据分析流程规范、前端设计规范、文档规范等。

规范性的意义在于提高生产效率、提升产品质量；规范性为所有协作人员提供统一的标准，方便他们相互沟通交流。具体而言，规范的流程可以保证工作有条不紊地进行，而随意的工作流程会使工作无序、容易出现纰漏、甚至需要循环重复某些任务环节等；规范的数据可以使所有数据使用者对其有统一的理解，且能降低后续数据处理、分析的难度；规范的统计产品的可读性、用户友好性更高；规范的文档便于后期维护。

统计工作的规范性可以通过以下几点实现：①制订统一的工件标准。共同完成任务的人员应遵循统一的规则。工件包括数据、模型、文档等。以数据为例，负责不同数据模块的人员对同一个数据元的含义理解、表示应该是一致的，否则在后续集成或是未来重用时会造成混乱。②制订标准的流程。每一个阶段由一系列任务组成，每一个任务由具体可行的步骤组成。每一步指明输入、操作及输出。无论任务由谁执行，执行多少次，都遵循统一的流程。③利用工具进行约束。除了利用文档，还可以利用数据库等工具保证规范性。如在数据库创建对象时规定数据的值域、数据类型和计量单位等。

2. 可重复性

可重复性是指按照相同的方法得到相同结果的能力。可重复性与不可重复性相对，不可重复是偶然事件，可重复是相对的必然事件。不可重复性是事物的特殊性，可重复性是事物的一般性。

可重复性是科学研究的基本原则，它的意义在于说明研究结果的客观性。波普尔在《科学发现的逻辑》里论述:"只有当某些事件能按照定律或规律重复发生时,像在可重复的实验里的情况那样,我们的观察在原则上才可能被任何人所检验。只有根据这些重复,才能确信我们处理的并不仅是一个孤立的'巧合',而是原则上可以在主体间相互检验的事件,因为它们有规律性和可重复性。"

统计工作的可重复性是指遵照相同的数据采集、数据管理、数据分析、前端设计流程,可以输出相同的分析结果。统计工作的可重复性可通过以下两点来实现:①使用编程式软件。编程式与交互式相对,采用交互式软件如 Excel,SPSS,EViews 等对数据进行的操作无法被记录、重现,而若使用 R,Python 等编程式软件,则可用脚本的形式把对数据的操作记录下来,支持过程、结果重现。②建立必要的说明文档。当有无法用编程式软件实现的操作时,应在文档中记录。

3. 可重用性

可重用性是指统计工作生命周期中重用工件和过程的可能性。其中,工件重用包括数据的重用、模型的重用、统计产品的重用、设计方案的重用等;过程重用包括需求分析的重用、采集过程的重用、数据处理的重用、数据分析的重用、前端设计的重用、测试过程的重用等。

可重用性的意义在于利用标准化的模块快速设计、开发统计产品。重用可以节约成本、提高生产效率。

统计工作的可重用性可通过以下几点实现:①工件化。工件化是指将数据、模型、处理过程、分析过程等都作为工件进行存储。数据、模型本身就是工件,而处理过程、分析过程等的工件化是指通过某种方式将过程记录下来,通过调用可以将过程重现,如实现过程的脚本文件。②工件的规范化。重用的基础是规范化。以数据为例,如果数据的定义、表示没有一套规范的标准,在下一次使用或使用者被更换时,对该数据的理解可能发生歧义,重用就会出现错误。③模块化。模块化是指将任务分为高内聚、低耦合的模块。如用户行为分析过程,虽然用户的聚类分析、行为预测分析使用的是同一个数据,理论上却可以作为同一个过程只读取一次数据,依次进行两种分析。模块化的思想是将该过程拆分成 3 个模块,分别为数据读取模块、聚类模块和预测模块。在下一次分析中,如果是对同一数据操作,可复用数据读取模块;如果是对内容不同但结构相同的数据进行聚类,可以复用聚类模块。④过程自动化。过程的自动化是指将人工操作改成用程序实现。如需要对 5 个市场的销售数据进行分析,5 个表格结构一致,对每个数据表都需要进行缺失值判断及删除、调整字段顺序、计算汇总字段、作图等一系列操作。若用 Excel 需要操作 5 遍,且过程不可重用。通过编写代码实现这个过程,只需执行一次,且对于新市场的数据可直接复用。过程自动化最理想的状况是只需输入需求分析,就可以自动进行数据采集、处理、分析、前端设计过程,并输出最终的同级产品。尤其是周期性的工作任务,可以对数据采集、处理、分析、前端设计直至输出最终的统计产品过程进行封装。⑤建立清晰的说明文档。使用者可以通过数据的说明文档、处理过程的说明文档对数据特征、数据处理过程有清晰的认识,进而选择可复用的工件。

4. 可移植性

可移植性是指统计产品从某一环境转移到另一环境的难易程度。可移植性并不是指当条件有变化时,不作修改就可以在新环境下运行;而是指无须作很多修改就可以运行。统计工作的移植主要指数据采集平台、数据管理平台、数据分析平台、产品运行平台等发生变更。

良好的可移植性可以提高统计产品的使用寿命、扩大统计产品的使用范围。如当用户的运行平台发生变更时,对源程序稍作修改即可适应新的平台,不需要重新设计实现统计产品。当统计产品的用户有多个且不同用户的运行平台相异时,可移植性良好的统计产品通过稍作修改可运行于多个平台。

可移植性的统计产品,可通过以下几点实现:①使用高性能的平台。高性能的平台更容易适应环境变化。性能包括高可靠性、高兼容性、高可扩展性、高效性等。以数据管理平台为例,高可靠性是指数据在存储过程中保持数据完整性、规范性,在访问读取时不会出现数据丢失等情况。高兼容性是指平台支持多种类型的数据、平台采用通用的语言编写,即使新增数据类型也不需要变更平台,将数据移植到新平台不需要对数据重新编码。高可扩展性是指当数据规模增大、数据管理任务加重时,数据管理平台仍能正常、高效地运行。如分布式数据管理平台。高效性是指平台访问、操作数据的效率高。如采取分布式、并行式计算框架的数据管理平台。②使用通用性高的数据分析模型。模型的高通用性是指一个数据分析模型普及度高、对输入数据的要求低。普及度高的模型在一般的算法库中都有,较为冷门的算法可能换一个分析平台就没被纳入新的算法库;此外,一些数据分析模型对输入数据要求高,很难把该模型应用到其他数据集。而如果使用通用性高的数据分析模型,模型的移植度就会大大升高。③使用通用的编程语言。采集工具的设计、数据处理的过程、数据分析过程、模型搭建过程涉及大量的程序编写,使用通用的编程语言如 Java 等,在平台变更时就不需要重新编写程序,或只需要进行微小的调整。④说明文档。良好的说明文档可以帮助使用者了解现有数据、模型的特征、过程步骤,便于与新的平台、新的应用场景进行比对,并根据新平台或新应用场景对原有的数据模型和过程进行修改。

5. 可维护性

可维护性是指在统计产品交付后可修复、可改进的难易程度。可修复性是指在发生问题后能够排除问题、进行修复并返回到原来正常运行状态的可能性。而可改进性则是接受对现有功能的改进,增加新功能的可能性。

良好的可维护性可以提高统计产品的生命周期。由于测试时无法穷尽所有可能,一些问题在统计产品交付使用后才显现出来,这时需要对统计产品进行修复;而通常由于需求变更,用户会对统计产品的现有功能提出改进或是进行新增,高可维护性的统计产品可以方便地"打补丁"、更新版本以适应用户需求。

统计工作可通过以下几点提高可维护性:①对数据、模型质量进行监控。当发生数据误操作等影响数据质量的行为时,进行报错提示。每次数据更新后都应对数据的准确性、合理性进行判断。当发现错误时,及时进行纠正。数据、模型都有一定的时效性,故需要定期更新。可通过数据管理平台进行定期更新提醒,或者是自动更新。②模块化。把数据、模型、过程都进行模块化。当需要对现有功能(某数据分析模块)进行更新时,只需修改相应的数据、模型、过程。当新增功能(新的数据分析模块)时,只需增加相应的数据、模型、分析过程。③选择可扩展性强的数据管理、分析平台。改进、新增功能往往意味着数据的增加、数据分析功能的增加,这在扩展性高的数据管理、分析平台很容易实现,且对数据读取访问的效率几乎没有影响。

第3章 统计工程的关键步骤

统计工程的关键步骤即统计工程项目实施的一系列有顺序的研发活动,可分为以下 7 个步骤:需求分析、数据获取、数据管理、数据分析、数据可视化、设计统计产品、统计产品的工程化实现。本章将分别介绍上述各步骤。

3.1 需求

3.1.1 需求来源

统计工作的需求主要来自其他学科和解决实际问题过程中的需要,涉及的领域较为宽泛。例如,如何刻画一个国家当前的经济水平,如何切实反映当前金融市场发展趋势等指标构造问题;又如,如何安排广告投放以使效益最大化,如何安排道路交通以节约成本、方便出行等优化问题;再如,如何识别具有高潜力的用户群体,如何归纳用户的购买行为等分类问题。

简而言之,统计学是立足于解决问题的学科。这提示我们要从现实工作、生活中识别需求,思考如何将所学的统计方法应用于实际,促进统计学与其他学科的共同发展,让统计能更好地服务于生活。

3.1.2 需求类型和特点

目前,市场上对于统计产品的需求可以分为功能需求与性能需求两个方面。

功能需求指的是将特定输入转化为特定输出的能力,是针对统计产品所能提供的服务内容的要求。例如,输入用户信息,输出对该用户的分类结果;输入某地的灾情数据,输出对受灾损失的预测结果等。

性能需求指的是便利使用、维护、更新的能力,是对统计产品在除内容外的其他用户体验方面的要求,包括以下 3 个方面。

(1) 产品的感官体验,即产品的色彩、声音、图像使用是否亲切,在字体、版式和底色的选择上是否能够突出重点。

(2) 产品的交互体验,即在输入、输出过程中使用的方法是否简便,在处理效率上是否满足用户期待。

(3) 产品的信任体验,即能否及时进行更新维护、升级换代以适应新的需求,修补使用过程中暴露的缺陷。

从以往统计工作实践中,可以大致归纳出统计需求具有如下特点。

1. 复杂性

统计要解决的实际问题是复杂的,因此在实际应用统计解决问题时需要考虑多个方面,以及各个方面之间的联系,之后需要选择合适的方式将特征转化为变量并做相应处理,最后再将得出的数学结果结合实际应用做文字解释。其中的每一步都需要围绕需求进行，但如何贴近需求则要由统计工作者自己思考尝试，这个过程通常是复杂的。

2. 多变性

由于受到时间、环境、政治等因素的影响，在实际应用过程中的统计需求是不断变化的。如从最初利用统计描述国情到统计推断，每个时期人们进行统计工作的目标有所不同。除此之外，事件的统计规律也会发生变化，所取得的数据具有一定的时效性，这些都使统计工作的需求呈现多变的性质。

3. 交流和达成共识困难

在具体领域实际应用过程中，统计工作者需要结合相关领域的专业知识，这时往往需要不同领域之间的交流，但由于统计需求的复杂性和多变性，在合作过程中可能面对的困难有很多，例如，双方对于最终产品的预期不统一，对于彼此面对的技术困难不了解，导致难以相互信任等，这些都反映了统计需求交流和达成共识困难的特性。

3.1.3 需求建模

在解决实际问题过程中，统计工作者拿到手的问题往往只是对现实情况的笼统描述，需要先将其转化为与数据相关的统计问题，而后才可以用统计的方法进行解决，这个过程就是需求建模。

例如，在对用户消费行为进行分类预测时，首先需要确定的是要将哪些消费特征纳入考量范围，其中可能包括该消费者同时购买的商品的种类、品牌和数量，购买的时间、频率等，在对网购消费数据进行处理时可能还需要考虑该用户获得商品信息的渠道，进而推断其如何做出购买决定等。

由于统计需求具有复杂性、多变性、交流和达成共识困难的特点，在实践过程中，首先需要与客户方建立有效沟通，对需求进行深入细致的调研分析。在了解业务内容的基础上，参考已有的行业经验，综合考虑数据可得性、技术可行性、预算约束等要求，最终确定所需的数据和技术方案，完成需求建模。

3.2 数据采集

3.2.1 数据产生场景

通常，在解决实际问题的过程中，数据来源主要有以下 5 种。

1. 人的线上行为状态

人的线上行为状态主要指人与网络世界的交互行为，包括网购、网上社交等，常见的如用户的搜索、点击信息，商品的浏览量、交易成交量等。

2. 人的线下行为状态

人的线下行为状态主要指人与现实世界的交互行为，包括日常出行记录、城市交通信息、实体购物信息等。

3. 人的想法

人的想法主要指人的内心态度和感受，这类数据通常无法直接观测，需要使用行为数据进行推断或通过调查等方式获取，例如工作满意度、选举支持率、心理状况等。

4. 自然与社会状态

自然状态即气象、水文、地质等自然因素，这类数据主要来源于对自然环境的观察和记录，包括气象数据中的温度、湿度、风力、风向、日照时长等，水文数据中的水位、流量、流速、泥沙含量等，地质资料中的矿藏分布数据、土壤元素丰富度等。

社会状态即对某国家或地区经济生活各方面的整体概括，这类数据主要由政府统计得到，需要运用数据建模确定专门的统计指标。具体如反映人口情况的出生、死亡统计；反映社会生产力的农业、工业产品产量数据；反映生活水平的地区生产总值、居民消费数据等。

5. 机器行为状态

机器行为状态主要指在机器的使用、维护过程中产生的数据，例如设备的转速、故障频率等。

3.2.2 数据采集方法

数据采集方法可以分为直接途径和间接途径。

1. 直接途径

直接途径指的是数据使用者根据自身需求实际调查得到数据，包括以下5种方法。

1）问卷调查

统计工作者完成需求建模，确定所需数据之后，以问卷调查的形式从调查对象处直接获取数据。通常包括设计问卷、设计抽样方案、设计调查方式、实施问卷调查和问卷数据整理。详情可以参阅李灿的《市场调查问卷的设计艺术》[10]。

问卷调查的主要缺点在于成本高、耗时长、样本量小。但优点在于数据质量高，数据相关性、数据格式等均可控，后期处理较为容易。适用于采集人的线下行为状态、人的想法这类无法通过线上工具直接获取的场景。

2）注册记录

用户在使用各类门户网站或 App 时，常需要提供个人信息进行注册，其身份信息（年龄、职业、学历、婚姻状况等）和线上的行为轨迹（浏览记录、消费记录、人际关系等)将会被记录下来。这类数据由于安全性考量,往往只在公司内部使用,能够从多维度、更准确地进行用户画像。

3) 识别技术

识别技术指通过探测器等特殊设备对物体进行识别,适用于采集人的线下行为状态。如人脸识别技术,通过对人脸的抓拍和精准检测,记录目标人群的行动轨迹数据。其优点在于能够实现大量数据的自动记录,获取简便;缺点是对设备要求高,技术复杂,需要较高的硬件成本。

4) 视、音频记录

视、音频记录指通过录像、录音等方式采集数据,适用于采集人的线下行为状态。如安防监控摄像头,记录着镜头照射范围内的影音信息。其优点是真实度高,数据质量有保障;缺点是视、音频记录属于非结构化数据,处理复杂且数据价值密度低。

5) 系统日志

系统日志记录的是在人机交互操作和机器运行过程中产生的数据。其优点是能够即时记录;缺点是数据规模大,且增长速度快,数据价值密度低。

2. 间接途径

间接途径指的是通过技术或资金由第三方获取数据,当由于各种因素无法直接采集数据时,可以尝试使用以下 3 种间接途径获取数据。

1) 购买

近年来,数据服务行业兴起,可提供大量收集、整合和对外销售数据的服务,如百度数据众包平台可提供可定制的数据服务,由专业团队负责数据收集的整个过程。这类服务通常成本较高,但数据质量也较高,适用于数据具有垄断性,或者自行采集成本更高的场景。

另外,除了专业定制数据之外,其他一些平台,如阿里云,可提供大量 API 数据服务,只要掌握基本的 API 使用方法,即可享受一些价格较为亲民且内容贴近生活的数据服务,如天气预报、人脸识别等。

2) 通信截流

通信截流即 HTTP 截流,指的是分析用户通过加密信道浏览网页时产生的通信流信息,重构网页的 HTML 文件大小、内嵌对象文件大小等信息,并以此构造出"指纹",进而搜索目标站点的指纹模型,以识别用户所浏览的网页。

3) 爬虫

爬虫技术通过给定的规则,自动从互联网上抓取信息的程序或者脚本。通常,用户使用浏览器打开网页,向服务器发送请求之后,服务器会返回解析的结果。使用爬虫技术可将返回的代码过滤,筛选其中需要的部分并适当整理,获取有价值的数据。

3.2.3 数据采集工具

除了对已有数据进行处理外，统计工作者常常需要自己动手找数据，这时就需要借助一些采集工具。常用的数据采集工具包括以下5类。

1. 问卷

问卷是统计研究中用来收集数据的常用工具。

按照填写方式可分为自填式问卷和访问式问卷两类。自填式问卷由受访者自行填写，因此以同样规模投放时所需成本较低，但在实际使用过程中可能出现较多废卷；访问式问卷投放成本相对较高，但常常能保证较高的完整度和问卷质量。

按照填写工具可分为纸质问卷和电子问卷两类。纸质问卷在印刷、投放过程中的成本相对较高，且后期数据录入、清洗工作较繁杂，限制了投放的规模；电子问卷免去了数据在录入整理过程中的工作，适合大面积投放。

统计工作者在使用时需根据实际情况选择合适的问卷投放方式和填写方式。

在具体的问卷设计过程中，需要做到以下几点：首先，在标题上对研究主题进行概括，保证被调查者能够一眼明确问卷涉及的内容。其次，在问卷的开头应做简要说明，帮助被调查者了解调查目的、消除顾虑。再次，在问卷内容上，应保证完成问卷用时在 15~30min；避免使用含糊不清的形容词和副词；最好进行量化描述，避免出现诱导性倾向。最后，在问题设置的顺序上，先易后难；先一般性问题，后敏感性问题；先封闭性问题，后开放性问题。

2. 传感器

传感器能够感受到被测量的信息，并按一定规律将其存储为电信号或其他形式，实现数据的采集、传输、存储。常见的传感器包括光敏传感器、声敏传感器、压敏传感器等，已广泛应用于工业领域，负责监测、记录机械的运行数据，目前也被越来越多地应用在智能产品上，如监测睡眠质量数据等。

3. 录音、录像设备

常见的录音设备包括数字中继录音设备、数字话机录音设备、VoIP 录音设备等。视频数据往往通过摄像机进行采集，常见的视频监控录像设备包括 DVR、NVR、IP SAN 等。

4. 数据采集软件

这里的数据采集主要指的是网络上的日志数据，例如用户的访问页面、点击的服务等。通常使用日志收集系统收集这类数据，如 Apache Flume、Kafka、淘宝的 Time Tunnel 等，这里简单介绍前面两种。

Apache Flume 的运行核心是 Agent，它包括 3 个组件：Source、Sink 和

Channel，具体的工作流程是：首先，通过 Source 收集数据并传递给 Channel，不同种类的 Source 可收集不同的数据格式。例如使用目录池数据源可以监测制定文件夹中文件的变化情况，记录产生的新文件。其次，通过 Sink 将 Channel 中的数据输送给外部源或其他 Source，例如将数据写入 HDFS、Hbase 中。直到数据进入下一个 Channel 或者到达终端时，前一个 Channel 中的数据才会被删除。

Kafka 的工作原理可以看作生产者向主题写入数据、消费者从主题读取数据的过程。其特性在于支持分布式事务处理，具有可扩展性、延迟低，能够同时处理大量消费者的需求。虽然 Kafka 在许多功能上和 Flume 有重叠，但二者仍有所区别。首先，Kafka 是通用型系统，可以由许多生产者和消费者分享不同的主题，但 Flume 主要针对 HDFS 和 HBase。因此，如果数据需要被多个应用程序使用，建议使用 Kafka。其次，Flume 拥有许多配置好的 Source 和 Sink，如果数据来源已经确定，则不需要额外编码，使用 Flume 较为便利；如果需要自己准备生产者和消费者，则使用 Kafka 利于编码。最后，Kafka 与 Flume 可以同时使用，将 Kafka 作为一个 Flume 的 Source，这样就不需要自己开发消费者了。

5. 爬虫

爬虫是一个自动提取网页内容的程序，传统的运作方式是从一个或若干个初始网页开始，获得初始网页的地址后不断从当前页面上抽取新的 URL 放入队列，直到满足系统的停止条件。在这个过程中，通常还需要借助网络分析算法过滤与主题无关的链接，保留有用的链接放入等待队列中，再借助搜索策略从等待队列中选择下一步提取的网页。

在收集数据的过程中，统计工作者有时需要自己动手从网上爬取数据。常用的方式有两种：一种是借助各种已有的爬虫软件；另一种是自己编写爬虫代码。前者的优势在于操作简便，易于上手，但由于其对所爬取的数据有格式要求（在页面上需要按一定规律摆放），在有的网站上无法使用。后者所能爬取的数据范围更广、效率更高，但需要一定的技术手段。有时需要用到正则表达式，对刚刚开始实际数据分析的统计工作者来说，程序实现较难。

目前，最常用的爬虫软件是八爪鱼采集器，使用者可以在软件上通过可视化操作制订自己的爬取规则，即给定一个页面并指出其中需要收集的数据，软件会自动按照事先给定的规则打开网页并爬取相同格式的数据，最后将所得数据统一汇总到 Excel 中。这类免费的爬虫软件很适合所需数据量不大、爬取规则较为容易的数据采集问题，只需要几分钟的教程就能快速上手，较为便利。

如果需要爬取更多种类的数据，或者想要爬取一些爬虫软件并不适用的复杂页面，常用的方法是借助 Java 或 Python 等工具，尝试自己编写简单的代码对网页进行爬取，Python 提供了一些爬虫的包，例如：urllib、urllib2、BS4、Scrapy、

Selenium 等。其中，urllib 可以向指定网页发送请求，使用的前提是要爬取的数据网页地址具有一定规则，而 BS4 可以将请求得到的 HTML 转化成树形结构，方便之后根据标签或正则表达式进行提取；Selenium 则是通过启动浏览器、模拟人工操作过程来提取网页数据，可以处理诸如点击特定按钮及实现网页拖动等单纯通过网址操作无法实现的爬取过程。与此同时，还可以借助一些开源项目，目前在 GitHub 上有很多好的 Java 爬虫项目可供使用者借鉴，如 Nutch、Heritrix、crawler4j 等。

目前，网络上关于爬虫技术的教程也有很多，有需要的读者可以自行搜索一下，相信掌握爬虫技术并不是一件很困难的事情。

3.3 数据管理

除去数据采集，对数据的良好管理也是挖掘数据价值的前提。而且由于在实际应用当中，数据获取过程可能比较自然，而数据积累的量会随着时间推移逐渐变大，问题可能更多来自数据管理过程。

数据管理指对数据的存储与备份、共享与安全和数据的质量进行监控。首先，数据采集之后需要性能良好的存储介质对其妥善保管，以便后续的访问与分析，并及时备份，以保障数据的完整可用。其次，统计工作常常需要跨部门完成，共享数据并通过权限设置等方式保障数据安全非常必要。此外，用户对数据的操作会改变数据内容、现实的演变会影响数据的时效性等，因此有必要对数据的质量进行监控。在统计工程中，这一步依赖于数据管理制度，设置准确的数据访问、录入、修改和审批权限，有效利用先进的数据管理工具，有助于获取高质量的长期数据。

3.3.1 数据存储与备份

1. 数据存储

数据的存储方式按存储的集中程度可分为分布式存储和集中式存储。集中式存储指的是建立一个庞大的数据库，各种功能模块围绕数据库的周围进行录入、修改、删除等操作。集中式存储的优势在于保证了每个终端的数据统一，且所有数据统一存储之后备份较为方便，同时服务器作为唯一需要保护的系统被重点突出。例如，银行系统应使用集中式存储。但集中式存储对服务器的要求很高，成本较高，不能满足大规模存储应用的需要。分布式存储指的是将数据分散存储在多台独立的设备上，利用多台存储服务器分担存储负荷，并利用定位服务器定位存储信息。使用分布式存储数据可以提高存储效率，降低对于服务器的要求，在一定程度上分散安全性的焦点，使系统不易出现大规模瘫痪。但分布式存储同样存在易受病毒影响、各部分数据存在差异等缺点，因此在使用时需根据需求选择合适的存储方式。

数据的存储方式按路径可分为云存储和本地存储，最简单的判断方式是是否需要使用互联网。本地存储是指数据使用者将数据存储在个人计算机或移动硬盘上，而云存储是将数据上传至相互连接的远程云服务器上。由于云存储能够缩减设备开支、随时随地共享数据，具有高度灵活性和可扩展性，如今将数据存储在云端的方式越来越流行。

数据的存储方式按数据存储结构可分为 4 种：顺序存储、链接存储、索引存储和散列存储。顺序存储使用一组地址连续的存储单元，依次存储线性表的数据元素。链接存储使用一组任意的存储单元存储线性表的数据元素。索引存储指通过建立附加的索引表来标识结点的地址，而索引存储按照节点与索引项的对应关系，又可分为稠密索引和稀疏索引。散列存储由结点的关键码值决定结点的存储地址。

2. 数据备份

数据备份是为了防止由系统故障、操作失误等意外原因导致数据丢失，而将全部数据或关键数据复制到其他存储介质上的过程。

备份策略主要有 3 种：①完全备份。即每天都对需要进行备份的数据进行全备份。完全备份可靠性高，但会造成大量的数据冗余，且备份耗时长。②差分备份。即每次备份的数据只是相对上一次完全备份之后发生变化的数据。③增量备份。即每次备份的数据只是相对于上一次完全备份或增量备份后改变的数据。其优点在于没有数据冗余；缺点是恢复数据时很复杂，且可靠性较低。

目前，最主要的备份方式是数据库备份，主流的数据库产品如 Oracle、SQL Sever、My SQL 都支持不同策略的数据备份机制。另外，也有一些专门的备份软件，如 IBM 公司的 Tivoli Storage Manager(TSM)，能够提供集中的数据备份管理，为大型的企事业单位提供服务，是业界最主要的备份软件之一，其他类似的还有 NetBackup(NBU) 和 Comm Vault(CV) 等。

3.3.2 数据共享与安全

数据共享指的是通过建立统一的数据库，或将数据上传至公共存储空间，如各类公共盘、云平台等，让不同地区、使用不同计算机和不同软件的用户，能够操作、计算和分析存储在其他系统中的数据。常见的数据共享模式包括中间件数据共享系统、数据仓库和 P2P 集成共享方法等。

数据安全主要指采用一定技术对数据进行主动保护，如防火墙、数据保密、口令认证等。数据安全的关键在于数据加密,即通过加密算法将明文转化成密文,是一种防止秘密数据被外部破译、对计算机信息进行保护的方法。常用的数据加密算法包括 DES,AES,RSA,Base64,MD5,SHA1 等。

数据加密通常包括 4 个部分:数据传输加密、数据存储加密、数据完整性鉴别和密钥管理。

数据传输加密指的是对传输过程中的数据流进行加密,包括线路加密和端-端加密两类。其中,前者是对被保护信息通过的各个线路采用不同的加密密钥提供保护;后者是在信息的发送端对数据进行自动加密,由 TCP/IP 进行数据封装,作为不可识别与阅读的数据传输。

数据存储加密技术分为密文存储和存取控制两类。密文存储一般通过加密算法转换、附加密码、加密模块等方法实现。存取控制分为自主存取控制和强制存取控制两类。其中,自主存取控制即拥有某权限的用户可将相应的权限转授给其他用户;强制存取指的是将每一个数据库对象标为一个密级,授予每位用户一定级别的许可证,只有拥有合法许可证的用户有资格访问数据库。

数据完整性鉴别指的是对介入信息传送、存取和处理的人的身份和相关数据内容进行验证,一般包括口令、密钥、身份、数据等项的鉴别。系统通过对比验证对象输入的特征值是否符合预先设定的参数,实现对数据的安全保护。

密钥管理包括密钥的产生、分配、保存、更换和销毁等各环节上的保密措施。

3.3.3 数据质量控制

1. 数据质量

衡量数据质量的标准包括相关性、完整性、准确性、及时性、一致性。

数据的相关性指的是所收集数据与所探究问题的关系的紧密程度,例如,在进行种植作物产量预测时,实际化肥施用指标在相关性上通常优于化肥市场价格指标。

数据的完整性一方面体现在所收集数据是否覆盖全面;另一方面体现在每一类型具体数据的数据量是否足够。例如,同样在产量预测上,既需要考虑类似日照时长、降水量这些指标设置是否合理,也需要考虑其中每个变量的数据是否存在缺失,缺失情况如何处理的问题。

数据的准确性指的是所选用的数据是否真实可靠,在进行统计工作时,统计工作者要对自己即将采用的数据真实性有充分的把握,因此通常选择权威的数据来源,并在工作中予以注明。

数据的及时性体现在所选用数据的时间区间与探究问题的时间区间是否匹配,对于当下问题的探究往往需要尽量使用最新的数据(这里可能还存在数据量和数据时效性之间的权衡）。同时还要充分考虑数据的更新问题，尤其是在电子商务、社交网络、气象交通等每天都有大量新增数据的领域。

数据的一致性指的是在所选用的各方面数据中，统计口径需要最终统一，互相吻合。在处理实际问题时，统计工作者有时需要通过多个不同的渠道取得数据，这时就需要在不同的数据源之间做好比较和筛选，并选择统一的口径进行分析，这对于之后统计工作的进行以及其他开发者、使用者的理解也大有帮助。

2. 数据质量的影响因素

影响数据质量的因素包括需求分析是否有效、数据获取设计与实施是否恰当、数据管理方法与工具的选择是否合适。

其中，需求分析是否有效决定了数据的相关性，数据获取的设计与实施过程决定了数据在其他性质上的表现，选择恰当的数据管理方法与工具能够保证在使用过程中数据的质量不会下降，同时便于后续的及时更新。

3. 数据质量控制

数据质量控制贯穿统计工程始终，并不局限于数据的收集，主要包括 4 个步骤：前期控制、过程控制、系统检测与后期更新。

前期控制指的是在数据收集的过程中保证数据的来源可靠，数据覆盖全面，具有时效性等；过程控制指的是在数据使用过程中及时备份、出现问题及时还原，同时注意对数据的加工不能曲解数据的真实内涵；系统检测指的是在数据分析结束之后，对于整个工作流程中数据的使用情况、存在的问题以及解决手段如实记录并给予评价；后期更新指的是对于具有时效性的分析工作，要定时更新数据，在设计整个流程时也应使其便于数据的更新。

3.3.4 数据管理工具

数据管理工具的具体功能一般由数据库完成。数据库是按照数据结构来组织、存储并管理数据的仓库。随着信息技术和市场的发展，数据库技术已成为管理信息系统、办公自动化系统、决策支持系统等各类信息系统的核心部分，是进行科学研究和决策支持管理的重要技术手段。

数据库按照所使用的服务器数量可分为非分布式和分布式两种。其中，非分布式数据库只需要一台服务器，适用于小规模数据。当数据规模超过单台服务器运算范围时应选用分布式数据库。分布式数据库可实现自动备份，当一台服务器中存储的数据丢失时，可通过其他服务器中的备份恢复。

数据库按照是否使用关系模型组织数据可分为关系型和非关系型两类。按照具体的数据结构来划分，数据的组织形式或数据之间的联系各不相同，数据库又可细分为 3 种：层次型数据库、网络型数据库和关系型数据库。关系型数据库是数据库结构的主流模型,将复杂的数据结构统一成简单的二维表格形式,支持多表查询,在数据独立性、抽象性、一致性方面具有优势,但其在处理大规模数据和多重数据种类时存在一定困难。因此,数据工作者又开发出许多非关系型数据库,即 NoSQL(Not only SQL),它们不依赖关系模型且结构更加灵活,可扩展性强,具有高性能、高并发等特点,但一致性相对较差。需要注意的一点是,NoSQL 并非对 SQL 的否定,而是为了实现高性能、高并发优势而舍弃掉一些功能,是 SQL 的重要补充。

常用的关系型数据库包括 MySQL,Oracle,Greenplum,MariaDB,SQL Server,Access 等,发展已经较为成熟。非关系型数据库包括 Memcaced,Tokyo Cabinet,Tyrant,Redis 这类键值(Key-Value)存储数据库,即使用一个特定的键和一个指针指向特定的数据;也包括 HBase,Cassandra 这类列存储数据库,即每个键指向多个列;还包括 MorgoDB,CouchDB,SequoiaDB 等文档型数据库和一些图形数据库。

关系型数据库以 MySQL 为例,其源代码开放且无版权制约,能够在几乎所有主流平台上运行;其口碑好,市场份额高,社区活跃,用户广泛;具有一定的并行性;支持多用户操作且运行性能高;其 C/S 结构支持 ADO,ODBC,JDBC 等链接;为 C,C++,Eiffel,Java,Perl,PHP,Python,Ruby 等多种编程语言提供 API;支持多线程并充分利用 CPU 资源等。

非关系型数据库以开源的 MorgoDB 为例,它被认为是功能最丰富的非关系型数据库,具有强大的可扩展性、一致性、高性能和高可用性,可以从单服务器部署扩展到大型、复杂的多数据中心架构。大体来说,它既可以给用户提供绝大部分类似关系型数据库的功能,还兼具非关系型数据库的优势。

在实际工作中,需要根据用户的数据规模、结构、更新速度等自身需求,综合考虑数据库的数据模型、查询模型、一致性原则、可拓展性、商业或者社区支持等几个对比维度的特性,选择或者设计有效的数据管理平台。若数据规模小且皆为结构化数据,则可选择传统的关系数据库。若数据规模大、结构复杂、变化速度快,则应采用分布式数据管理系统。目前,大部分机构仍使用关系数据库,如果需要使用分布式数据管理系统,可自行搭建或购买云存储服务。在经济允许的条件下,应优先选择高性能平台,实现数据存储、备份、共享、质量监控一体化。

3.4 数据分析

数据分析是指应用统计方法挖掘数据价值、发现数据规律的过程。从现实问题抽象得到的统计问题决定了数据分析的方向,所采集的数据性质决定了具体的数据分析方法。数据分析通常分为探索性分析和真正实施分析两个阶段。前者通过描述统计、可视化工具对数据的特点进行把握,后者根据数据特征构建、验证和优化模型。在统计工程中,这一步以数据、分析工具、分析方法为输入,输出数据分析结果。

3.4.1 描述性统计

描述性统计是通过图表或数学方法,对数据资料进行整理、分析,并对数据的分布状态、数字特征和随机变量之间的关系进行估计和描述的方法,包括集中趋势分析、离中趋势分析和相关分析 3 个部分。

集中趋势分析指的是借助平均数、中位数、众数等来表示数据的集中程度。离中趋势分析主要靠全距、四分差、方差等统计指标来表示数据的离散程度。相关分析探究数据之间是否具有统计学上的关联性,既包括对两个变量之间的单一相关关系的描述,也包括多个变量之间复杂相关关系的描述。

描述性统计能够帮助我们了解数据的整体情况,为后续的分析处理做好铺垫。

3.4.2 特征构造与选择

在数据分析过程中,要根据实际问题的需要构造变量。有时可以直接使用收集到的数据作为变量,有时还需要做一些变换使变量满足所需的假设,便于分析。

例如,在统计分析过程中,使用许多方法常需要方差恒定的假设,但这和实际应用中的很多场景并不相符。在生产中,随着产量的增长,产量的波动幅度往往也会增大,这时就违背了误差项独立同分布的假设,且不满足平稳条件,给分析造成很多困难。于是人们想到,可以将这类问题抽象成一个标准差和均值线性相关的分布。对于这样一个分布,如果对随机变量取对数,则可转化为均值、方差均相同的分布。这就是对数变换的由来,有兴趣的读者可以尝试自己推导。

除了对数变换,还有很多常用的变换方法,这些变换方法之所以成为经典,在于它们的构造十分精巧,既紧贴实际内涵,又保证了计算上的简便。这启示我们在根据自己的需求进行特征构造时,也需要充分考虑到这两个方面。

3.4.3 模型搭建、验证和调优

1. 模型搭建与验证

在建模过程中,需要首先对可能选择的模型类型作出判断,选出一些可以用于拟合的模型,主要依据是问题类型和变量属性。例如,在考虑人口死亡率时,会考虑龚帕兹模型(Gompertz model)、马克哈姆模型(Makeham model)、韦布尔模型

(Weibull model)等;对连续型变量可采用线性回归模型,但对分类变量则需要采用逻辑斯蒂回归(Logistic regression)模型等。

在尝试使用多种模型对实际数据进行拟合之后,需要进一步从中选择最合适的模型,这时可采用的方法有赤池信息准则(Akaike information criterion,AIC)、贝叶斯信息准则(Bayesian information criterion,BIC)、交叉验证(cross-validation)等。其中,AIC 与 BIC 主要是计算似然函数大小、并加入对参数个数的惩罚系数。交叉验证则考虑了模型在训练集和测试集上的表现,例如 10 折交叉验证(10-fold cross validation),将数据集分成 10 份,轮流将其中 9 份做训练 1 份做验证,10 次结果的均值作为对算法精度的估计。

此外,还有结构风险最小化的方法。这一方法由 Vladimir Vapnik 和 Alexey Chervonenkis 两人提出,综合考虑了经验风险和 VC 置信度。其中,经验风险即惯常使用的损失函数,而 VC 置信度则用于描述所得样本的泛化能力,可以理解为一个惩罚项。用这种方法评价模型,保证了模型的泛化能力,避免了过拟合现象的出现。

2. 模型调优

初步选定模型之后,视情况对模型进行调优,常见的需要调优的情况有:过拟合/欠拟合、线性模型权重分析、bad-case 分析、模型融合。

(1)过拟合指的是模型在训练过程中过度学习了数据中的噪声和细节,与训练集过于契合以至于泛化能力较差的情况。通常处理过拟合问题的方法有:寻找更多数据学习、添加正则化系数、对部分特征做离散化处理、模型融合或适当减少特征个数;而欠拟合的情况与过拟合相反,模型过于简单以至于在测试集上表现较差,这时通常需要寻找更多特征或减小正则化系数。

(2)线性模型的权重常常具有实际含义,其绝对值常表示对结果的影响程度,对于那些权重较大的变量有时可做一些细化工作,如平方、开方、升维、与其他变量构造组合特征等。

(3)对于那些当前模型下的离群值(outlier),可直接移除该样本,或将连续变量分级处理以避免极端数据的影响。也可以进一步观察这些离群值是否具有某些共性,是否存在未挖掘出的特征等,针对其建立单独的模型。

(4)模型融合一般有两种算法:bagging 和 adaboost。其中,前者主要是将一个弱学习算法重复使用多次,构造出预测函数序列并进行投票;后者是一种迭代算法,首先选一个样本训练,再将其中分类错误的样本和新数据构成新的样本训练,重复进行,最终将所得的弱分类器联合起来加权投票。

3.4.4 数据分析工具

常用的数据分析工具按操作方式可分为交互式和编程式两类。

交互式的数据分析工具即可以在窗口内通过鼠标单击操作的软件,如 Excel,SPSS,Eviews 等。这类软件操作简便、上手容易,且能满足大多数简单的数据分析需求,深受数据分析用户的喜爱。但其缺点也同样明显,比如灵活性较差,大多数功能是设计之初给定的,虽然使用便利,但难以满足个性化的需求。例如,在处理文本分析问题时,无法完成分词和绘制词云图。除此之外,虽然此类软件也有编程功能,但是语法较为复杂,一旦在操作过程中出现错误,还原初始数据较为不易,在使用时需要注意,及时备份。另外,将数据导入此类软件的可操作界面中需要占用大量内存,使交互式数据分析工具所能处理的数据量有限。

使用编程式的数据分析工具(如 SAS,Python,R 等)需要具备一定编写代码的能力,且使用过程中无法直观地看到每一个数据的变化。但编程式的数据分析工具能够处理大量数据,且每一步操作能够记录下来,便于后期检查和重复使用。同时,此类数据分析工具能够实现分析代码与结果的一体化,如使用 R Markdown 快速生成动态报告,甚至可以利用 Shiny 进一步将分析结果以交互式网页的形式输出。

在数据分析过程中,统计工作者可根据自身需要选择合适的工具。但通常,在设计统计产品时强调自动记录、重复使用和结果呈现,因此倾向于选择编程式的数据分析工具,便于统计产品的制作。

3.4.5 面向对象的数据分析

随着近年来科学技术的迅猛发展,尤其是通信、计算、存储、互联网、物联网等领域技术的进步,"大数据"相关的技术在科研、经济、商业与金融、医疗、政治与法律、能源与环境、社会、军事等诸多领域得到广泛应用。与此同时,统计学或者数据科学所处理的数据不仅规模越来越大,也更加复杂。具体地,数据的复杂性一方面体现在数据来源众多、来源环境具有异质性;另一方面体现在数据本身结构更加复杂。现如今,文本、图片、视频、树、网络、几何图形、地理信息等都已经是常见的数据形式,同时,随时间变化的动态数据也十分普遍。

针对上述各种数据类型,各种数据挖掘、机器学习方法提供了对其进行分析的有力工具;但与此同时,传统的统计学在处理上述较为复杂的数据类型方面仍然需要更多理论和应用上的探索。针对这一问题,Marron 提出了面向对象的数据分析(object-oriented data analysis,OODA)的概念,将对上述更为复杂的数据类型统一在"对象"这一概念下,并为针对"对象"数据的统计学分析提供了统一的理论框架。

通过数学理论,对面向对象数据分析过程中使用到的统计方法加以统一,一方面有利于从理论上加深对各种数据类型及相应分析方法的理解;另一方面也对发明和发展新的统计分析方法具有至关重要的作用。面向对象的数据分析常见的内容包括函数型数据分析、图像型数据分析、流形中的数据分析、树形结构数据分析、对其他数据对象分析,本节将对此逐一介绍。

1. 函数型数据分析

函数型数据分析(funcational data analysis,FDA)是针对曲线数据的统计分析,属于面向对象的数据分析中理论较为成熟且应用十分广泛的方法。函数型数据分析的样本来自函数空间(function space),如连续函数构成的空间或者由 B 样条曲线(B-spline curves)展成的线性空间等。由于观测的样本函数(曲线)往往由离散点的形式表示,FDA 中的第一步往往是通过各种平滑、插值等操作将离散的函数型数据拟合为平滑的函数,再对函数进行分析。

函数型数据分析中最常见的技术之一就是函数型主成分分析(functional principle component analysis,FPCA)。作为对传统主成分分析在函数型数据方面的推广,FPCA 中的第一个主成分仍然通过寻找将投影后的"方差"最大化的权重得到,即

$$\max \sum_i \left(\int \xi_1(s) x_i(s) \mathrm{d}s \right)^2$$

$$\text{s. t.} \ \|\xi_1\| = 1$$

ξ_2 除了最大化"方差"之外还需要和 ξ_1 正交,即

$$\max \sum_i \left(\int \xi_2(s) x(s) \mathrm{d}s \right)^2,$$

$$\text{s. t.} \ \|\xi_2\| = 1, \quad \xi_1' \xi_2 = 0$$

其余主成分以此类推。

将离散的数据抽象为函数空间的样本点使主成分分析可以从新的角度分析数据。由于函数型数据中的曲线来自欧氏空间,传统的统计分析方法的推广十分顺利,FDA 也因此具有广泛的应用。

2. 图像型数据分析

针对图像的统计分析技术在计算机视觉、医疗图像等领域应用前景广泛。其中,样本数据是来自同一图像空间(image space)的图像集合,如肺癌病人胸透照片的集合。针对此种类型的数据,首先需要从中提取重点的形状,如从胸透照片中确定肺脏的位置。常见方法有三种:第一种将图形表示为一系列关键点(landmark)的坐标,如用三角形三个顶点的坐标表示三角形;第二种用图形的边界表示图形;第三种是基于内点的表示方式(medial representation m-rep)。前两种方法都比较好理解,这里简单介绍基于内点的表示方式。

基于内点的表示方式是将一个二维几何体表示为一系列内点流形(medial manifold)可理解几何体的集合。对于三维几何体,则需要找到在几何体内部且与

几何体在至少两处相切的球,用该球球心的全体构成前述流形。如此,通过记录上述球的球心、半径及从球心到切点的两个向量,可以将三维几何体表示为一系列点坐标、半径和向量坐标。具体地,将上述球的球心记作 $x \in R^3$,半径记作 τ,从球心到切点的向量单位化之后为 $n_0, n_1 \in \{v \in R^3 | \|v\| = 1\}$,于是四元组 $m = \{x, \tau, n_0, n_1\}$ 唯一确认一个内接球,称作一个"内点原子"(medial atom)。

对表示为流形(实际上是一系列有序元组)后的图像,可以应用传统的主成分分析等方法进行降维、可视化。此外,独立成分分析(independent component analysis,ICA)也是常用的分析方法。支持向量机(support vector machine,SVM)、距离加权判别(distance weighted discrimination,DWD)也可以解决分类和可视化的问题,为更深入的数据分析提供条件。

3. 流形中的数据分析

除上述图像数据可转化为流形表示外,实际在涉及非线性数据的处理时,流形(manifold)都是常用的工具。"流形"是一般几何对象的总称,当假设数据是从一个潜在的流形中取样得到时,可以将数据用坐标表示,进一步展开在低维平面上,实现简化、降维。同时,流形的引入有利于从不同的角度挖掘更有意义的信息。

为说明流形的作用,Marron 在其论文中举了这样一个例子:

对于数据集 $\{1°, 3°, 357° \text{和} 359°\}$,样本的算术平均值为 $180°$,然而这 4 个样本实际没有一个接近 $180°$ 的位置;考虑到角度的实际含义,这 4 个角度可以被表示为一个单位圆上的 4 个点,此时 $0°$ 实际上是更有意义的一个平均值。可见,将数据考虑成在一个最简单的流形——单位圆上的点,更有利于对数据特征的分析。

在分析流形中的数据结构时,常见的降维手段有测地线上的主成分分析(principle geodesic analysis,PGA),是 Fletchet 在 2004 年提出的对主成分分析在流形空间中的扩展。首先,Fletchet 证明了之前提到的 m-rep 的描述向量是非线性黎曼对称空间的元素。其次,回顾主成分分析的主要过程,即首先找到数据的中心(欧氏空间中的均值),然后在均值处找到一个方向向量,它与之前的主成分(如果存在)正交且使沿该方向的投影下数据的方差最大。和主成分分析的过程类似,PGA 首先利用 Fletchet 均值作为数据的中心,然后在 Fletchet 均值处寻找一个测地线(geodesic),使沿该测地线的数据的投影方差最大化。而在求解过程中,由于在均值点的测地线的方向和在均值点的切平面中的向量的方向是一致的,只需先求解在均值点的切平面,然后在切平面内进行普通的主成分分析,最后将获得的主成分向量映射回均值点所在的空间(流形)中即可。

由于任意连续的几何体可以用基于内点的表示方式表示为向量形式,而该向量又可以通过 PGA 等方式进行降维，上述针对流形中的数据分析思路适用范围很广，具有较高的理论和应用价值。

4. 树形结构数据分析

树形结构作为常见的数据结构也是面向对象的数据分析的研究对象，Wang 和 Marron 在论文中讨论了当数据是树形结构的集合时的情况。显然，当样本是树形结构时，常见的均值、方差等定义不再适用。此时，一种新的方法是，对一个树形结构数据 $t \in T$（T 为树空间），首先将其每一个节点按照一定规律进行编码，使节点编码的集合 $\text{IND}(t)$ 与树形结构一一对应。其次，同一树空间中的两个树的距离定义为它们编码集合的对称差的元素个数，当只讨论二叉树时，定义

$$d(t_1, t_2) = \sum_{k=1}^{\infty} 1\{k \in \text{IND}(t_1) \Delta \text{IND}(t_2)\}$$

另外，当二叉树的节点带有标签（nodal attributes）时，通过引入一个权重函数定义了广义的距离。至此，数据集合中任意两个树的距离都可以计算，结合前述 Fletchet 均值，可以获得一个样本均值在树空间中的推广，即

$$\bar{t} = \operatorname{argmin}_t \sum_{i=1}^{n} d(t, t_i)$$

称为"中心树"。之后，Marron 和 Wang 提出了在树空间下方差的推广形式。接着，结合树空间中的均值和方差，进一步给出了 PCA 在此情境下的推广。至此，树形结构数据的分析问题也转化为已经解决的问题。

5. 其他数据对象分析

除上述数据结构类型之外，仍然存在其他数据结构，其中不乏如流形学习等已得到充分发展和广泛应用的内容。它们虽然仍然可以归于面向对象的数据分析（OODA）的范畴，但是对于具体的数据需要具体的处理方式；各种数据对象之间的共性与不同仍然是需要进一步研究的问题。考虑上述讨论已经覆盖了在生产中常用的数据类型，此处也不再展开做更多讨论。对此部分感兴趣的读者，可以通过上述论文和其他参考资料深入学习。

3.5 数据预处理

3.5.1 数据预处理简介

从现有的数据处理方法看，绝大多数比较有效。成熟的算法都对数据做了各种要求，有的要求数据质量好，有的要求完整性强，还有的要求冗余性少、数据格式统一、可理解性强等，更不用说数据异质性强、方差大、便于计算处理等高级要求了，各种要求繁杂多样。从数据可读性角度看，特别是当数据量较大时，单位数据

价值较低，无意义的成分很多，因此有必要对数据进行预处理，规范数据形式，为后期加工奠定基础。

使用实际应用系统得到的原始数据往往是复杂的、不干净的，难以直接使用。

首先，原始数据通常具有不完整性。在数据采集阶段，应用系统并不能确保所有的抽样个体、应用相关方都能提供数据采集人员想要的完整数据。还有可能存在数据模糊、数据"无效"、指标遗落等由于实际系统设计的缺陷产生的不完整性。在数据收集的过程中，也有可能因为系统管理人员的人工操作失误造成数据缺失或不确定等情况。

其次，原始数据通常具有杂乱性。应用系统大多不是由单一的数据库或者文件系统组成的，而是存在多种数据结构。然而，在实际操作中，各应用系统在数据存储和处理上可能缺乏统一的标准，在数据共享上也未采用统一的接口，存在数据的不一致性。

再次，原始数据通常具有冗余性。在数据采集阶段，为了方便，数据收集人员往往向着"大而全"的目标采集数据。而且，应用系统基于数据安全、操作方便性等方面，也常在数据库中备份数据。由此导致了数据的重复和信息的冗杂。

通过数据预处理可对数据进行有效的整理、汇总，最终达到提高数据质量、提高算法执行效率、降低结果偏差等目的。

一般来说，数据预处理包含以下步骤。

1. 数据集成

数据集成主要指将多个数据文件进行规范化的合并处理。原始数据往往来自不同源的数据文件，存在着单位、指标命名、数据类型、统计口径和标准等方面的不同。因此数据集成并非简单的数据合并，需要综合考虑分析目的、各源文件的数据结构差异性，规范数据的基本格式，最终形成不重复，语义清晰，标准一致，类型、格式和单位统一的数据集。

2. 数据清洗

数据清洗主要指对上述数据集进行内容上的筛选、剔除和补缺等操作。数据集成更多的是停留在物理层面，而数据清洗主要涉及数据的基础内容主要包含以下方面：根据背景知识（例如经验数据）或者专家指导剔除或者调整异常值、白噪声值；在有可能的情况下，使用背景知识、专家指导或者插补方法补全缺失值，若无科学的插补方法，剔除存在缺失值的观测个体也不失为一种尝试。

需要注意的是，识别异常值、白噪声值可以使用经验法、箱线图法、分位数法等方法，补全缺失值可以使用线性插补、数据自举法（bootstrap）、决策树等方法，实践者应谨慎选择、综合决策。

3. 数据类型转换

数据类型转换主要指将数据进行连续和离散之间的转换。

比较常用的是连续变量离散化，系统收集到的连续变量可能需要根据实际问题转化为分类的离散变量，常用的方法有经验法、等距法、分位数法和最大熵法，例如将具体的收入转化为中高低收入组，一般采用统计机构给出的经验数据来划分。

有时候需要把已经细分的类别再次划分，常用的方法有归并法和划分法。例如关于民族的数据，考虑到样本量较少的情况，实际研究时常把少数民族归到"其他"类别，汉族单独成一类。

还有些情况要求把数据连续化，以满足特殊模型的要求。例如，在对从属断尾回归问题使用 Heckman 两步法时，第一步就要使用 Probit 概率回归模型计算出连续的逆米尔斯比率(inverse Mills ratio)，这一步往往在数据预处理阶段完成。

3.5.2 数据预处理的评价标准

数据预处理的基本阶段主要解决的是从理论上应该怎么做的问题，本节主要介绍在实际中如何做，然后才能在具体的操作阶段有的放矢地评价。

数据预处理有不同的方式，总结起来由 3 个阶段组成，首先是定义错误，其次是查询和识别错误，再次是修正错误。具体来看，可分为 3 类。

1. 人工操作

用人工的方式进行检查、修改和复检虽然能达到数据预处理的目的，但这种方式在数据量少(记录数为千、百)时尚可尝试，在大数据时代几乎不可行，需要耗费大量的人力、物力。另外，人为因素带来的偶然性也可能加重数据预处理的难度。

2. 编写程序解决特定目的、应用领域的问题

在清洗数据的过程中，重复性工作占了绝大多数。可以根据特定的目的、应用领域编写程序，让机器代替人工执行重复性的低效工作。例如，基于特定问题的先验知识，制订明确的清理规则，让程序根据规则识别并修正数据。这在一定程度上提高了人工处理的效率，灵活的办公软件也能免去编写程序的烦恼，是应用较为广泛的一种方式。

3. 与特定问题无关的系统性预处理

此类方法具有较高的通用性和系统性，涉及清洗重复数据的问题、交互式数据清理系统等。例如，可以在不考虑先验信息的情况下，发觉数据本身之间的特定模式，利用这一模式识别并修正不符合模式的数据。

有的系统能够实现交互式清洗，用户可以根据数据模式或者特定问题进行错误检测、识别重复，每次只处理窗口界面上的数据，因此速度快，处理结果能直观地展示在用户面前，同时用户还能对当前界面的数据清理方式不断调整。该系统既通过人工的参与提高了识别错误的灵活性，又在借助计算机力量的同时根据具体问题或者数据本身高效地进行了数据预处理。

在了解了数据预处理的方式之后,还应重视最终的数据质量。数据质量主要体现在一致性、正确性、完整性和最小性 4 个维度上。一致性指的是数据具有统一的规范、格式、逻辑,符合特定的编码规则。正确性指的是数据是否排除了异常值或者错误数据,前后内容是否矛盾。完整性指的是数据是否存在缺失,既有可能是记录的缺失,也有可能是属性的缺失。在某些情况下,缺失数据会被乱码替代,应注意甄别。最小性指的是数据存储空间是否已被降到尽可能小,例如用 tinyint 替代 int 节省存储字节、用函数关系存储衍生记录、用部分记录作为基底以表示全集数据。

具体来看,数据质量的指标可以分为两类:数据质量指示器和数据质量参数。数据质量指示器主要指客观的信息,可以通过建立数据质量指标度量一致性、正确性、完整性和最小性 4 个维度,例如时间跨度、样本来源分布、存储结构等信息。数据质量参数则更偏向主观性,它由一些人为的主观测评标准衡量,例如及时性、可信性等。

通过数据预处理的过程及其带来的结果——前后数据质量的变化,将能够对数据预处理的功效进行评价。

3.5.3 特征构造与选择

在数据分析过程中,要根据领域知识、数据特点、分析需求等使用变量。有时可以直接使用收集到的数据作为变量,有时还需要做一些变换使变量满足所需的假设,便于分析。此时就需要进行特征处理,主要包含特征构造和特征选择两大类。

特征构造主要指,利用空间变换等方法提取数据特征,将高维数据用低维数据表示,以达到降低空间维数、满足模型要求等目的,所以又称其为"特征提取"。若根据某个评价函数来选择特征,剔除不相关或者相关性弱的特征,则该方法被称为"特征选择"。

在不同情况下,需要使用不同的特征构造和评价函数进行特征选择。

1. 异方差处理

在统计分析时,包括线性回归分析、时间序列分析中的许多方法常需要方差恒定的假设。但这和实际应用中的很多场景并不相符,在绝大多数情况下,无论是实时序上还是同一截面的不同个体之间,研究者遇到的数据是异方差。例如,在生产实践中,随着产量的增长,产量的波动幅度往往也会增大;在时间序列数据里,尤其是金融市场的股票交易数据,存在着大量的方差非齐性问题。

异方差违背了模型建立的假设条件,由同方差假设下推导出的结论将不再成立，一些良好的统计性质消失殆尽，例如"样本量增大，参数估计方差减小"的结论将不再成立，甚至可能把结论往犯错概率大的方向引导，给分析造成很多困难。

基于异方差形式的不同假设和数学推导，统计学家发现，可以将这类问题使用方差齐性变换（又称"方差稳定化变换"）转化成同方差问题。

例如，股票数据常被假设服从一个标准差和均值线性相关的分布。对于这样一个分布，如果对随机变量取对数，则可转化为均值、方差恒定的分布。

除了对数变换，根据不同的异方差形式假设（如假设异方差是其他变量的某类函数），还有很多常用的变换方法可供选择，如对因变量开根号、求倒数，对自变量除以根号下的平均残差平方等。在实际应用中，可以根据经验或者数值模拟确定异方差的形式，从而使用合理的数理推导得到方差稳定化变换。

2. 数据变换和简化

在大数据时代，数据与变量存在着巨大差距，经常相差几个数量级。大数据是由行业内基础数据累积而成的，用 TB 或 PB 衡量都不为过，一般是先有数据，再有变量或者分析模型。

然而，数据变量并不是越多越好，有些指标对结果提供的信息有限，甚至由于无关变量的加入反而大大降低了数据分析的效率、影响了统计的优良性质、导致结果的偏差。例如，在进行回归分析时，强相关性的自变量代入模型会产生多重共线性问题，造成系数估计的方差增大。因此，如何有效地缩减数据是数据预处理不得不面对的问题。

数据变换和简化主要指通过提取、选择、评价数据之间的有用特征，在尽可能保留原始信息的情况下，使用一些变换方法达到精简数据的目的，主要涉及属性选择和数据抽样。

其中，属性选择针对数据库中的属性（变量）而言，包含但不限于剪枝、并枝、求相关、找函数等方法（关于属性选择还有基于粗糙集理论（rough set theory）的约简方法、基于概念树的数据浓缩方法、信息论思想和普化知识发现、基于统计分析的属性选取方法和遗传算法）。剪枝方法即剔除对结果影响很有限的变量，如无意义值过多的变量、接近白噪声的变量。我们在数据预处理的基础阶段已经对数据进行了剪枝的简单处理，在此阶段不再赘述。并枝方法指的是对变量域进行主成分分析，抽象出综合性的主成分，将相似的变量归并整合。求相关方法指的是对变量进行多重共线性分析，寻找变量之间的线性相关性，去除被重复表达的变量。找函数方法指的是变量提供信息的重复性并不一定是线性的，也可能存在非线性的函数关系，如果找到某个变量是另一些变量的函数表达，那么这个变量则可在数据存储时被剔除。从理论上说，求相关包含于找函数，但是它们的求解方法差异甚大，故单独列出。

3. 数据抽样

数据抽样是针对数据记录而言的,主要对数据记录进行相关性分析。当需要记录的数据很多时,很难对其进行相关性分析的常规操作。此时,可通过简单随机抽样、分层抽样等抽样方法,将多条记录归成几类元组,合并相同元组。根据相同元组的数目占总元组的比例表示支持度,并选定一个支持度阈值,剔除支持度低的元组。

综合上述几个步骤来看,数据预处理流程可以大致归纳为图 3.5.1。

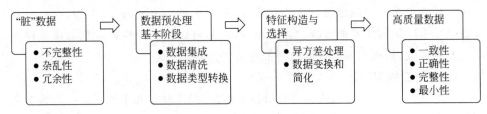

图 3.5.1 数据预处理流程图

3.6 数据可视化

3.6.1 数据可视化概述

数据可视化是指利用计算机图形学等技术,将数据以视觉表现形式展现出来,主要借助图形、动画、表格等载体更直观地展示数据,准确、清晰、美观、有趣地揭示数据中蕴含的信息、规律和逻辑,方便用户进行观察和理解,为使用者做出决策提供帮助。总的来说,数据可视化要求实现美学形式和功能需要的兼顾统一,因此统计工作者在进行数据可视化时,需要同时兼顾设计与功能两个方面,保证重点信息简洁突出。

可视化的一般过程主要包括产品设计、数据预处理、数据分析、选择并制作合适的图表、调整样式。其中,产品设计指的是要明白数据可视化的核心目标;数据预处理包含数据清理和去噪;而后的数据分析在于数据挖掘和统计汇总;选择并制作合适图表的重、难点在于选用图表的种类;最后的调整样式步骤是为了优化图表的视觉表现,使其更符合数据可视化的目的。

3.6.2 数据可视化工具

目前,常用的数据可视化工具包括:R 中的 ggplot2 包、Tableau、Plotly、PiktoChart、ECharts、D3.js 等,下面对这几个工具做简单介绍。

ggplot2 是 R 中最常用的包之一(开发者为 Hadley Wickham,同时开发有 plyr

和 reshape2），它将统计作图划分为数据（data）、映射（mapping）、几何对象（geom）、统计变换（stats）、标度（scale）、坐标系（coord）、分面（facet）几个部分。在代码中将不同部分用"＋"相连接，以图层的方式构图，一个语句对应一个图层。ggplot2 的作图效果示例如图 3.6.1 所示。

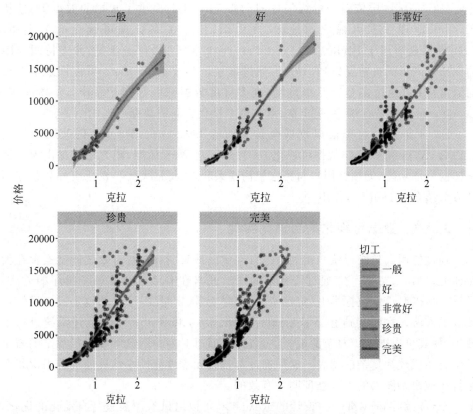

图 3.6.1　ggplot2 作图效果示例

Tableau 是由同名公司开发的一款交互式的数据可视化商业软件，其特点在于上手容易，整个操作过程通过鼠标单击即可完成；处理速度快，可以在几秒内处理百万数量级的数据；对统计功底要求不高，也可以进行简单的趋势分析等。同时，Tableau 可以连接各类常用数据库，还可以实现数据的自动更新，功能强大。

Plotly 是一款开源的绘图库，可以应用于 Python，R，MATLAB 等多种语言（目前在 R 中也有专门的 Plotly 包），实现过程就是调用 Plotly 的函数接口，底层实现完全被隐藏。使用 Plotly 可以绘制 3D 图表、各类统计图表和 SVG 地图。

Piktochart 是马来西亚的信息图在线制作工具，其特点在于能够把文字报告和数据分析图表相结合,制作方法和 PPT 相似,即选择模板之后可以进行个性化修改,也可将信息图导出成静态图,用于 PPT 和网页中。

ECharts 是一个使用 JavaScript 实现的开源可视化库,可以流畅地运行在 PC 和移动设备上,兼容当前绝大部分浏览器(Chrome,Firefox,IE8/9/10/11,Safari 等)。ECharts 底层依赖轻量级矢量图形库 ZRender,提供了常规的散点图、柱状图,用于地理数据可视化的地图、热力图,用于关系数据可视化的关系图、TreeMap,还有用于 BI(business intelligence)的漏斗图、仪表盘等,并支持图与图的混搭及图形的自定义系列。另外,通过增量渲染技术,ECharts 可以展现千万级的数据量;并通过多个交互组件,实现多维度数据筛取等交互操作。整体而言,ECharts 可以提供直观、交互丰富、可高度个性化定制的数据可视化图表。

D3.js 是一个用于根据数据操作文档的 JavaScript 库,可以帮助用户使用 HTML,SVG 和 CSS 将数据可视化。D3.js 强调 Web 标准,能为用户提供现代浏览器的全部功能,无须将用户与特定架构联系起来,将强大的可视化组件和数据驱动方法结合到 DOM 操作中。

3.6.3 数据可视化的自动化实现

通过应用人类图形认知相关理论自动化设计对图表进行有效统计已经存在大量研究。Mackinglay[11]通过将基础的图形元素在有效性角度进行排序的方式,设计了可以对给定数据类型(定性变量、定序变量、定量变量)自动地生成二维统计图表的方法。在此基础上,Mackinglay,Hanrahan 和 Stolte[12]对上述系统进行了改进,使其可以支持更复杂的数据类型,并且通过对多种图形元素进行规定的若干种组合生成较为复杂的图表。这种通过对基础元素进行排序然后通过有限次复合运算生成复杂图表的方式被证明是有效的。

Savva 和 Agrawala[13]设计的 ReVision 可以对已有图表进行自动化的优化,对这种问题提供了另一种思路。ReVision 系统主要包括 3 个步骤:首先,通过机器学习的算法对输入图像进行分类,确定图表的基础类型;其次,通过关键点识别的方式从标准化后的图像中提取图表的构成部分(mark)和其他相关信息,如散点图的坐标轴和标记的数值等,推测用于绘制输入图表的原始数据;最后,根据 Mackinglay 定义的有效性标准,将重新设计优化后的图表作为输出。ReVision 再次证明了对输出结果有效性的相关理论研究具有实用价值;虽然该系统可以自动识别的统计图表类型有限且不能识别相对复杂的图表,但是仍然可以满足二维常见图表的优化任务。

3.7 统计工程作业

3.7.1 统计工程作业的概念

统计工程作业指将输入转化为统计产品的一组彼此相关的资源和活动。它是为了高效获得高质量的统计产品所需完成的一系列任务的框架,规定了完成各项任务的具体步骤和原则,定义了运用方法的顺序、交付的文档和各阶段任务完成的标志。统计工程作业整体示意图如图 3.7.1 所示。

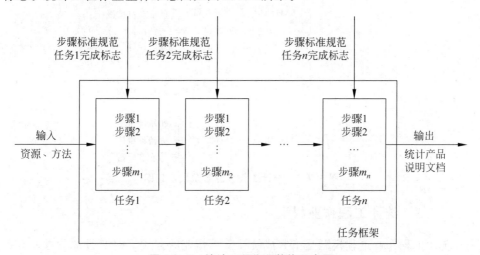

图 3.7.1 统计工程作业整体示意图

3.7.2 统计工程作业的阶段划分

统计工程作业可以分为计划阶段、开发阶段和维护阶段。

计划阶段包括可行性分析、需求分析和方案设计。其中,方案设计从部件上划分包括前端与接口设计、后台设计和性能设计 3 个部分;从功能上划分又包括数据采集设计、数据管理设计、数据分析设计和统计产品设计 4 个部分。良好的方案设计是开发阶段顺利进行的基础,且能够在后续的工作中有效减少维护阶段的工作量。因此,计划阶段是统计工程作业中最重要的阶段,决定了最终结果的质量。

开发阶段包括方案实施和统计产品测试。其中,方案实施可分为方案实施工作部署、方案预实施和方案全面实施 3 个阶段;统计产品测试分为产品层面测试和产品应用测试。方案实施需要严格遵照计划阶段的方案设计进行,当发现问题时,应及时反映并调整方案设计。之后再根据新的方案设计继续实施,确保每一步骤都有据可依,出现问题能尽快解决。对产品测试而言,在统计产品发布之前对产品功能、性能等进行测试是十分必要的,测试的目的在于发现并修复问题、优化用户体验,确保最终能够交付高质量的统计产品。

维护阶段是指在统计产品发布后对其进行修改的过程,包括纠错性维护、完善性维护和适应性维护。维护的任务是使统计产品能够持续有效地促进生产、满足用户需求,进而延长统计产品的寿命或是扩大统计产品的应用范围。维护阶段的反馈可用于下一次设计、开发阶段。

统计工程作业的各阶段示意图如图 3.7.2 所示。

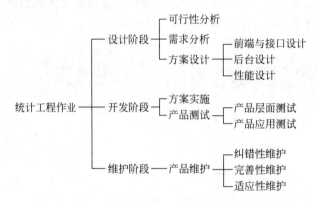

图 3.7.2 统计工程作业各阶段示意图

3.7.3 统计工程作业模型

统计工程作业过程模型是指完成统计工程作业的方式。模型通常是对现实系统本质特征的一种抽象、模拟、简化和描述,用于表示事物的重要方面和主要特征。常用的有瀑布模型、快速原型、增量模型等。

1. 瀑布模型

将统计工作过程划分为几个彼此区分又彼此关联的阶段,下一阶段的工作以上一阶段的结果为依据,形成瀑布模型。瀑布模型的特点是当上一阶段的任务完成才可进行下一阶段的任务,前面的正确输出决定了后面结果的正确性,若在某一阶段出现错误,则要向前追溯返工。瀑布模型的示意图如图 3.7.3 所示。

瀑布模型的优点在于任务连接逻辑清晰。统计产品开发者能够根据自己的习惯安排开发过程,在每一个具体的步骤中考虑周全。使用这一模型进行开发通常能够保证产品的顺利产出。

但瀑布模型的缺点也很明显。首先,该模型的灵活性较差,在开发的过程中如果发现前期沟通和需求理解方面出现问题,则需要返工的风险比较高。

综合考虑该模型的优、缺点可知,当需求较为清晰、统计工作流程明确、团队经验丰富且人员齐备时,采用瀑布模型有助于规范开发流程,使产品更加完整成熟,技术团队对产品拥有较高的自主权。

2. 快速模型

快速模型是通过快速分析先构建一个统计产品原型,然后通过后续与用户的有效交流对原型进行评价并提出改进意见、商讨改进方向。最后,统计产品开发者根据得到的最新改进意见逐步调整统计产品原型,直至最终得到满足用户需求且通过结果测试的统计产品。

快速模型的优点是可以快速产出原型,与需求方进行及时、有效的交流。如果当前着手设计的统计产品概念相对新颖,双方对于产品的预期相对模糊,或者产品存在多种形式、功能上的可能性时,推荐采用快速模型产出产品。这样能够保证整个开发过程的交流效率,使用户对于产品的预期和实际进度相契合。快速模型的示意图如图 3.7.4 所示。

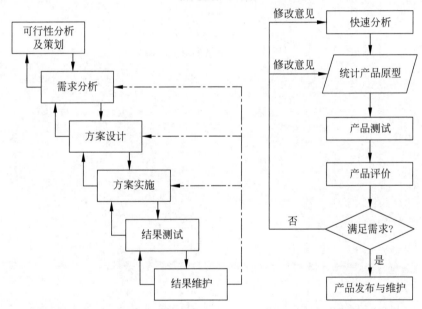

图 3.7.3　瀑布模型示意图　　图 3.7.4　快速模型示意图

3. 增量模型

增量模型是指将最后的统计产品作为一系列的增量模块来进行设计、实现、集成和测试,每个模块具有一定的功能,最终组合成一个完整的数据统计产品。

增量模型的优点在于各个任务模块相互独立,可同时进行开发,保证了统计产品的开发效率;同时,在后续出现需求变更或需要进一步补充新功能时也只需修改对应的模块。

当产品开发期限较短、时间不够充裕时,可以采用增量模型进行开发。将各部分工作分别指派,保证在短时间内的高产出。但同时也需要承担各部分衔接不够紧密、配合出现失误的风险。因此,当选用增量模型开展统计工程作业时,需要保证开发团队内部配合默契,保持沟通交流,确保各部分功能在完成之后能够组合成完整的统计产品输出。增量模型的示意图如图 3.7.5 所示。

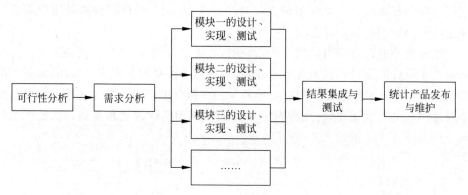

图 3.7.5　增量模型示意图

第4章 统计产品

在前文中，我们了解了需求分析、数据的采集与管理、数据可视化的主要内容，本章将着手设计统计产品。首先，对统计产品的基本结构做简要介绍；其次，从设计的角度，分别介绍 Web 开发框架、前端开发和接口设计。

4.1 统计产品的基本结构

统计产品从整体上包含以下 3 个模块：数据预处理模块、数据分析模块和数据可视化模块。其中，数据可视化模块首先通过 Web 框架接收用户原始数据，并返回数据预处理模块；数据预处理模块将针对用户原始数据格式进行数据预处理，并将数据传入数据分析模块。数据分析模块将接收的数据导入数据库，根据数据可视化模块中选择的数据处理条件和分析方法建立统计模型，并进行统计分析和处理。之后将得到的结果返回数据可视化模块，Web 框架再将结果传给前端，得到可视化界面。该系统的数据流图如图 4.1.1 所示。

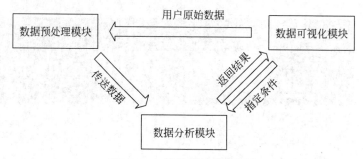

图 4.1.1　统计产品数据流图

4.1.1　数据预处理模块

数据预处理模块的工作原理大致如下：首先，接收网页返回的用户原始数据表，利用脚本语言根据具体的数据形式进行数据缺失值、重复值和异常值的处理；其次，根据数据的变量类型进行数据离散化、重铸、压缩等数据变换，将规范化后的数据以规范数据表的形式传入数据分析模块。数据预处理模块形式通常比较简单，利用基础的脚本语言即可实现，不涉及模块间的调用。但在设计时应当注意接收原始数据传入接口的兼容性，以及处理后的数据格式与系统内模块间传递的数据格式的兼容性。该模块的数据流图如图 4.1.2 所示。

处理具体问题的过程会涉及多种形式的数据处理，同时，需要使用多种数据结构进行存储，因此本模块内的数据传输格式推荐选用 JSON 格式。JSON 格式的优点在于其不仅能够储存数据，而且能够储存其数据结构，大幅降低了数据传递过程中数据格式和结构转化的重复操作。

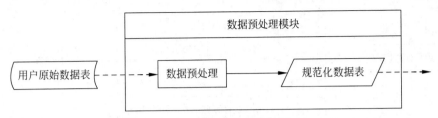

图 4.1.2　数据预处理模块数据流图

另外，在数据预处理模块中，还涉及一个外部数据表——用户原始数据表和一个内部数据表——规范化数据表。

用户原始数据表由用户在可视化模块上传，用于储存用户提交的原始数据，其具体形式根据不同的用户群体、不同的产品需求和不同的数据格式而变化，没有完全固定的格式；而规范化数据表由数据预处理模块生成，用于储存经过预处理的数据，并传递给数据分析模块。规范化数据表的具体形式虽然也根据不同的问题而变化，但总体设计的规则和样式一般如表 4.1.1 所示。

表 4.1.1　规范化数据表

	字段 1	字段 2	…
第一行			
第二行			
⋮	…	…	…

4.1.2　数据分析模块

在经过数据预处理模块后，得到的规范数据将被作为数据分析模块的原材料。通常，统计产品内部的数据分析模块包含两个部分——数据库和统计模型库。其中，数据库存储的是数据预处理模块中传入的数据，根据用户在数据可视化模块中的筛选条件（如限定变量范围、选取分类变量等），对数据库的数据进行筛选后作用于统计模型库。统计模型库中包含统计中常用的分析模型（如回归分析、方差分析、主成分分析等）、预测模型（如时间序列、随机森林等）和分类模型（如聚类分析等），针对数据库传入的数据和用户选择的模型进行数据分析，并将模型的分析结果作为输出，传入数据可视化模块。该模块的数据流图如图 4.1.3 所示。

本模块涉及 3 个外部数据表：规范化数据表、数据筛选表、模型筛选表；以及 3 个内部数据：统计数据、统计模型、分析结果。

数据库存储规范化数据表中的所有数据，并根据数据筛选表产生统计数据。统计数据是规范化数据表的子集，因此统计数据的数据字典与规范化数据的数据

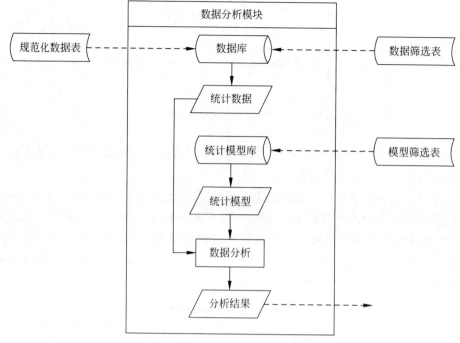

图 4.1.3　数据分析模块数据流图

字典相同。统计模型和分析结果的具体表现形式根据不同的问题而不同，因此无法在此处进行定义。

4.1.3　数据可视化模块

数据可视化模块包含两个部分：请求响应模块和前端网页。其中，请求响应模块被用于接收前端网页的请求并将其发送至数据预处理模块和数据分析模块；前端网页则被用于发送用户请求、设置网页布局和结果的网页前端展示。用户通过前端网页上传数据，并发出数据限定条件和模型选择的请求。请求响应模块将用户原始数据发送至数据预处理模块，将筛选条件和模型选择发送至数据分析模块。接收到数据分析模块的分析结果后将其返回至前端网页，经过可视化布局之后完成网页的前端展示。该模块的数据流图如图 4.1.4 所示。

本模块主要涉及 1 个外部数据表——分析结果，以及数据筛选表、模型筛选表、用户原始数据表 3 个内部数据表。

数据筛选表以表的形式存储用户对上传数据的筛选方法。第一列存储所需字段，第二列存储所需记录，第三列及其之后存储对值的筛选方式，数据筛选表如表 4.1.2 所示。

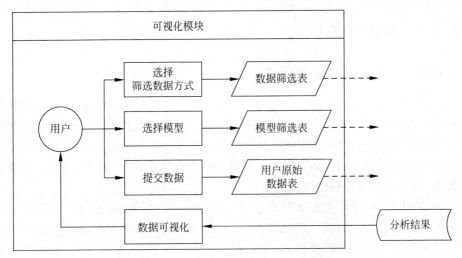

图 4.1.4　数据可视化模块数据流图

表 4.1.2　数据筛选表

所需字段	所需记录	检索条件1	检索条件2	…

模型筛选表用于记录用户所选取的统计模型，形式相对简单，需包含的项目样式如表 4.1.3 所示。

表 4.1.3　模型筛选表

所需模型	模型1	模型2	…

用户原始数据表用于存储用户上传的原始数据，具体形式根据具体问题的不同而不同，但应该以列表示字段，行表示记录，如表 4.1.4 所示。

表 4.1.4　用户原始数据表

	字段1	字段2	…
记录1			
记录2			
⋮			

4.2 Web 开发框架

4.2.1 Web 开发框架概述

Web 框架是用于 Web 开发的软件框架。大多数 Web 框架都会提供开发和部署网站的方法，为 Web 的一系列行为提供支持。由于现代网页需要实现的功能和交互越来越多，网络逐渐由静态开发转向动态开发，Web 框架的出现不但能大幅减小 Web 应用开发过程中的工作量，而且能够实现数据缓存、数据库访问、数据安全校验、网络安全等功能的高度集成。

目前，主流 Web 框架包括 Django、ExpressJS、Larvel、Play、Ruby on Rails 等，不同的框架基于不同编程语言，也有不同的设计理念。考虑到在统计产品设计过程中不需要实现太复杂的功能，且设计者主要为统计背景，对于 Python 的熟悉程度较好，在统计产品设计时建议选用 Django 作为 Web 开发框架。

4.2.2 Django 框架介绍

Django 是基于 Python 语言的一款重装 Web 开发框架，将众多网站制作相关的功能模块化封装，使其调用起来极为方便，如此，开发者就能够用少量代码实现多种功能。Django 拥有一套预置的 Admin Interface 自主管理后台界面，几乎不用编写代码就能使用。Django 自带的对象关系映射（object-relational mapping，ORM）虽然不如 Python 自带的 SQLAlchemy 功能强大，但也可以在几乎不使用 SQL 语句的情况下实现完美的对象关联。此外，Django 的 URL 模块设计全部使用正则表达式，使设计者能够轻松规划出不同风格的地址并搭建路由系统。Django 鼓励开发者对网站功能进行模块划分，将不同功能封装进不同模块（App），通过统一的配置文件进行调用，使整个网站功能便于管理且易于更改。

尽管包括了上述各种优势，Django 框架也有明显的劣势。即 Django 的高度封装性导致整个框架耦合度偏高，即模块和模块之间的依赖性相对较高。一旦 Django 内置的模块无法完成所要实现的功能，开发者就很难在 Django 的框架下调用第三方库。因此，当所设计的统计产品中所需实现的功能超出 Django 可实现的范围时，统计工作者需要求助于 Web 工程师，多方合作共同完成统计产品的设计和生产过程。

4.3 前端开发

4.3.1 前端设计概述

前端设计是通过色彩、构图等元素赋予页面性格和特点，改善统计产品表征，同时将产品的核心价值传递给用户的过程。好的前端设计要同时兼顾简洁美观的呈现方式和良好的用户操作体验,因此需要统计工作者在进行统计产品的前端设计时,充分结合客户的需求、思维特点和习惯方式。

前端设计主要分为以下 5 个步骤:

(1) 看需求。根据实际需求确定前端要展现的内容,确定客户端的输入与输出。

(2) 画草图。初步确定前端的构图、色彩,页面元素的摆放。

(3) 设计界面。根据用户需求确定操作界面的整体风格。

(4) 前端代码编写。选择合适的编程语言,代码编写要符合规范。

(5) 兼容性调试。确保其在特定环境下正常运行,与后端接口协同良好等。

4.3.2 Bootstrap 前端设计框架

Bootstrap 是一款由 Twitter 公司于 2013 年发布的开源前端框架。Bootstrap 基于 CSS、JavaScript 和 HTML,包含了按钮、警告、导航、下拉菜单、分页、排版、缩略图等几乎所有的现代网页组件。此外,Bootstrap 自带 13 个 jQuery 插件,使 Bootstrap 框架能够实现模式对话框、弹出框、标签页、滚动条等交互式功能。最重要的是 Bootstrap 实现了前端的响应式布局,能够根据浏览器窗口的尺寸自动更新调整布局,这在智能移动终端普及的当今社会具有重大意义。因此,在统计产品设计中推荐使用 Bootstrap 框架作为前端框架。

目前,Bootstrap 框架的中英文使用文档都已基本完善,使用者可以根据个人需求学习搭建属于自己的 Web 应用。但需要注意的是,在开始使用 Bootstrap 前,需要使用者具备一定的 HTTP、CSS 和 JavaScript 的基础知识。

4.3.3 其他前端设计工具

除设计框架外,目前常用的前端设计相关工具还包括:Atom、Invision、What the Font、Postman 等,下面简要介绍这 4 种工具的主要特点,灵活应用可以帮助大家进一步提高前端设计的效率。

Atom 是一个跨平台的编辑软件,主要功能是帮助编写代码,但它常被推荐给前端开发人员使用,主要原因在于其具备很多能为前端开发提供便利的插件。例如,MiniMap 系列插件能够提供强大的缩略图,便于更好地把握前端界面;ColorPicker 插件能够提供完整的取色器,方便具有审美意识的前端开发者等。

InVision 是一个便捷的产品原型生成工具,可以帮助前端设计人员快速模拟统计产品的工作情况。同时,该工具支持协作和分享功能,统计产品开发者和用户可在原型的任何地方评论,便于在线准确交流。

另外，前端设计和开发人员还会利用其他一些小工具。例如，使用在线平台 What the Font，能够识别所上传的图片中的字体和排版方式，满足文字排版的需要；Chrome 插件 Postman 能够帮助前端开发者进行网页的调试，它可以模拟用户 HTTP 请求的数据发送到服务器，以便开发人员能够及时地做出正确的响应，或者是对产品发布之前的错误信息提前处理，进而保证产品上线之后的稳定性和安全性。

4.4 接口设计

接口是连接数据库和客户端的桥梁，在"数据库-接口-客户端"的流程里扮演承上启下的角色。接口的质量直接影响着统计产品内部程序的运行效率与稳定性、数据的正确性与完整性。通常，在进行设计接口之前有以下几个方面需要掌握。

首先，在设计接口的过程中，一方面需要深入了解客户需求，明白客户端需要什么数据；另一方面要考虑如何从数据库中获取、组织数据。如果不能正确地理解客户需求，就无法正确地将数据组织给客户端，也无法验证数据结构是否满足需要；其次，要理解数据库的基本结构，以便提取、组织数据；最后，需要了解客户端原型。

同时，在设计接口的过程中，还需要做到以下几点：

（1）理由充分。增加接口需充分论证需求，因为过多的接口会使程序的可控性降低，增加维护成本。

（2）职责明确。每个接口负责一个业务功能，例如负责查询功能的接口不要同时负责修改，以免造成混乱。

（3）高内聚、低耦合。一个接口需要包含一个操作的完整功能，不同的接口之间关联性要尽可能减少。

（4）接口的分析角度统一、明确。

（5）不同接口的参数格式统一。

（6）接口要能提供调用结果，向客户端反映调用过程是成功或失败，以及反馈失败的原因。

（7）每个接口传输的数据量不宜过大，否则将影响客户端的反应速度。

（8）不随意拓展参数。在需求改变时应优先考虑从接口内部维护入手，因为参数变更可能导致不同版本之间不兼容。

4.5 可行性分析

统计产品的可行性分析主要针对一个或若干个初步方案展开，确定初步方案的输出满足问题定义中提出的需求，同时保证所提出初步方案的支持条件（时间、成本、数据、技术、运行环境、人力资源)不超过问题定义中给出的约束条件。

可行性分析在统计工程中具有重要意义。可行性分析报告在一个完整的项目进行过程中起着承上启下的作用，它既是对问题定义与初步方案的汇总、比较，也是对统计工作者思路的展现。以往的实践过程往往侧重于模型搭建、数据分析等技术性环节，对于报告撰写等结果呈现环节重视程度不足，撰写可行性分析报告能够更好地展示统计工作的流程与思路，有助于双方保持顺畅的沟通。统计产品的可行性分析的具体任务主要包括两个方面：

(1) 判断初步方案是否能满足需求，方案的支持条件是否能被满足。

(2) 从多个备选的初步方案中筛选出可行性最高的方案。若初步方案均不可行，则终止项目，或者调整问题定义并重复初步方案设计环节。

具体执行过程如下：

(1) 明确问题定义中的需求和约束条件。

(2) 明确初步方案的最终输出和支持条件。

(3) 对每一个备选的初步方案，判断其最终输出是否可以满足需求，包括功能需求、性能需求等。

(4) 对每一个备选的初步方案，判断其支持条件是否在约束条件内，包括是否能在给定的时间、成本内完成，数据、工具是否可得，算法是否可实现，是否具备所要求的运行环境等。

(5) 综合需求满足程度和支持条件的可达程度，给出每一个初步方案的可行性，从中筛选出最可行的方案。若初步方案均不可行，则终止项目，或者调整问题定义，重复初步方案设计环节。

(6) 编写可行性分析文档，作为最终输出的一部分。

4.6 开发计划制订

4.6.1 概念和特点

制订详细的统计产品开发计划可以指导之后更具体的执行工作。开发计划有利于各个执行部门或人员明确各自职责，高效配合完成项目。

4.6.2 目的和原则

在统计工程中，一份合理的开发计划能够将初步计划有效落实，并充分调动可获取的资源，分配好各部门的工作任务和工作期限，有助于工程进度按时推进。

在制订开发计划的过程中，应遵从以下几个原则：

(1) 分工明确。规定每个环节中不同主体需要进行的操作，明确责任主体。

(2) 强度合理。尽量保证每个部门所能使用的资源与其职责相匹配,避免因工作分配不当导致工程质量或进度受影响。

(3) 沟通到位。项目整体负责人在制订好开发计划之后,需要与每个部门进行沟通,告知其在每个环节中扮演的角色。

4.6.3 任务和过程

开发计划制订的具体目标是对可行的初步方案制订切实可行的项目进度表、明确各部门人员的职责、进行时间资金等资源的配置。在统计工程中,这一步以筛选出来的初步方案为输入,输出开发计划。

开发计划制订的具体过程如下:

(1) 进度安排:对各项任务进行时间和逻辑上的合理安排。

(2) 人员部署:将具备不同素质和能力的人分别安排在特定岗位。

(3) 资源分配:对资源进行分配,以满足有限的关键资源的要求。

(4) 编写开发计划书:开发计划书是最终输出的一部分,随着需求分析、方案设计等工作的进行而变更。

开发计划制订的要点示例表如表 4.6.1 所示。

表 4.6.1 开发计划要点示例

阶段	进度	参与人员与职责	预算/%
需求分析			
方案设计			
方案实施+测试			
统计产品维护			

4.6.4 方法和工具

作为整个统计工程项目的管理者而不仅仅是技术人员,在制订开发计划时除了要关注各个技术环节的实现,更要做好进度安排和人员部署。

进度安排是指对项目中的任务确定起止时间,主要目的是确保工作能在规定的时间内完成,由于此时仍处于统计工程作业的第一阶段,对任务的理解不够清晰,故在进度安排时不宜过细,只需大致划分各阶段的起止时间,如仅确定可行性分析及策划、需求分析、方案设计、方案实施、测试的起止时点或时段,对具体任务的进度安排可随着对问题理解的深入再进行。

在对统计工程制订开发计划过程中,有很多工具可以使用,这里主要介绍 3 种:用于项目管理的 PERT 图、用于进度安排的甘特图和用于人员部署的 RACI 矩阵。

1. 计划评审技术

计划评审技术(program evaluation and review technique,PERT)是重要的工程项目管理工具,通常采用网络图的形式,以节点表示关键事件的完成时间,以有向箭头表示从一个节点到另一个节点所需的活动。它能够在不知道所有活动细节的情况下,分析整个项目涉及的各项任务的先后次序、时间和相关成本,从而对各项工作进行合理安排,非常适用于复杂的、一次性的大规模项目。

绘制 PERT 图首先要确定完成工程必须进行的关键活动,并估计每项活动的完成时间,其次按照活动的顺序和依赖关系形成网络图。其中,工期最长的路径称为"关键路径"(critical path CPM),决定了工程的总实耗时间。

2. 甘特图

甘特图在工程中常用于进度管理,其要点主要有:以图形或表格的形式显示活动;以统一的形式显示工程进度;将进度与时间相结合。在制作甘特图时可以使用 Excel,通过对堆积条形图做简单的调整即可画出。另外,还可以使用更专业的计划管理软件,如 Microsoft Office Visio,Microsoft Project 等。一张典型而简单的甘特图示例如图 4.6.1 所示。

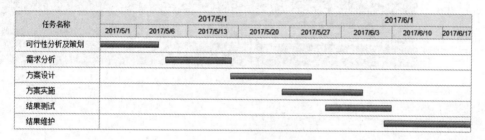

图 4.6.1　甘特图示例

3. RACI 矩阵

RACI 矩阵是进行人员部署的常用方法之一,基本思路是将项目参与者分为执行人(responsible,R)、责任人(accountable,A)、咨询人(counsulted,C)和被告知人(informed,I)4 种角色,明确各部门在流程中应扮演的角色,大大提高各类人员的组织沟通效率。

编制 RACI 矩阵的流程是:首先,将各项任务记录在左侧,将各参与部门记录在上方。其次,对每个活动分配角色,初步确定 R,A,C,I。最后,解决交叠和缺口问题,对于同一个任务只能有一个责任人和一个执行者,否则应将任务再细分;若任务中找不到相应责任人,则需要项目总负责人加以指定。这样,一张 RACI 矩阵图就编制完成了。

第5章 统计平台

5.1 统计平台背景

统计产品专注于研究如何更好地获得数据、使用数据和如何更好地获得指标等问题。统计平台技术正是新时代统计产品发展的必然道路,它将深刻沿袭中国特色社会主义统计学的传统优势,并紧跟跨学科前沿技术与方法,融合多个现有子学科(经济统计学、应用统计学、数理统计学、数据科学及生物医学统计学),引领统计学未来的发展方向。

统计学作为中间学科,历史上一直虚心承接上游学科的方法与技术,如数学、信息科学等;并积极服务于下游学科,如广泛的社会科学。统计平台技术的落地发展,必将带动上下游学科群,做强优势学科,扶持特色学科,尤其会为人文社科研究带来全面创新。

统计数据一直以来都是中国特色社会主义经济管理体系、社会治理体系的决策依据。统计平台的现代化,将统计科学植入互联网技术之中,有效降低了公共服务的时间成本和人力成本,提供了高效快捷的、全面量化的辅助信息,便于制订政策建议,如财政政策、货币政策、产业政策、收入分配政策、社保政策等。最终将带动现代政府统计和信息事业的升级再造,推进政府管理和社会治理模式创新,进而提升国家治理现代化。

5.2 统计平台技术

5.2.1 Hadoop 架构

统计平台的数据中心选用最新、稳定版本的 Hadoop2.7 架构,Hadoop 是一个分布式系统基础架构,用户可以在不了解分布式底层细节的情况下开发分布式程序。充分利用集群的威力高速运算和存储,具有良好的可移植性。Hadoop 实现了一个分布式文件系统(Hadoop distributed file system,HDFS)。HDFS 具有高容错性,可以部署在价格低廉的(low-cost)硬件上。它可以提供高吞吐量(high throughput)来访问应用程序的数据,适合具有超大数据集(large data set)的应用程序。

Hadoop 有以下优势:

(1)处理速度快。Hadoop 拥有独特的存储方式,用于数据处理的工具通常在与数据相同的服务器上,从而能够更快地处理器数据。

(2)容错能力强。当数据被发送到一个单独的节点,该数据也被复制到集群的其他节点上,这意味着在故障情况下,存在另一个副本可供使用。一般 Hadoop

最少可以存储 3 个副本。

（3）成本效率高。目前的各类业务系统在保存数据时存储的都是具有最优价值的关系数据，文本型数据往往会被忽略，关系数据库的初衷并不符合海量文本数据的处理，大量的文本数据越来越多，传统的关系型数据库保存文本性数据的成本越来越高，维护也越来越复杂。Hadoop 架构则不同，其被设计为向外扩展的架构，可以存储所有的数据供以后使用，节省的费用非常惊人，Hadoop 可以提供数百太字节的存储和计算能力。

（4）灵活性好。Hadoop 能够轻松访问不同的数据源，并可以分析不同类型的数据，从这些数据中产生价值。这意味着可以利用 Hadoop 的灵活性从历史的海量文本文件中分析各种类型的案件，提升办案效率，减少案件发生。

5.2.2　Spark 计算框架

Spark 是并行的计算框架，基于 MapReduce 实现分布式计算，其中间结果可以保存在内存中，其特点为：①简单方便，使用 Scala 语言。②计算速度快，中间结果缓存在内存中。③容错能力强。

5.2.3　自然语言处理

自然语言处理（natural language processing，NLP）被广泛应用于各种行业来解决关键知识性问题，例如从收集的大量珍贵的非结构化内容中提取实体。通过统计算法，自然语言处理揭示了在任何非结构化中的人物、事件、时间、地点等内容，从而能够产生贯穿所有业务的全新层面的理解。

主要应用场景如下：

①非结构化内容的实体提取、关键词提取。②文本内容的自动分类。③文本内容的情感分析。④文本内容的串并关联。⑤大数据全文检索服务。

5.2.4　ES Elasticsearch

Elasticsearch 是一个基于 Lucene 的搜索服务器。它提供了一个分布式多用户能力的全文搜索引擎，基于 RESTful Web 接口。Elasticsearch 是用 Java 开发的，并作为 Apache 许可条款下的开放源码发布，是当前流行的企业级搜索引擎。将其应用于云计算中，能够达到实时搜索的目的，稳定、可靠、快速、安装使用方便。

Elasticsearch 能够解决检索运行速度快的问题；能够实现零配置和完全免费的搜索模式；能够简单地使用 JSON 通过 HTTP 来索引数据；能够从一台计算机扩展到数百台计算机实现分布式计算。

5.2.5 SHM 大数据基础平台

云平台是基于 SHM(Sundun Hadoop Manager)大数据平台建设的。利用 SHM 对外提供的易搜引擎服务、自然语言处理服务、标签管理服务、数据汇聚服务、实时碰撞服务、全景视图服务、统一认证服务等建设大数据可视化、大数据分析、问题风险预测等应用。

SHM 大数据管理平台是提供针对大规模 TB/PB 级别以上的数据分析处理能力及一站式的数据运营平台,支持多集群部署,提供全数据生命周期的处理能力,涵盖数据采集、交换、存储、处理、应用及安全;提供体系化、专业化的运维工具集合;对外开放完整的软件开发工具包(software development kit,SDK)和应用程序编程接口(application programming interface,API),满足定制化要求;为不同的业务提供方便、实时的数据分析、统计报表、离线海量大数据计算、数据挖掘、机器学习等,实现实时的数据查询、统计、检索和商业智能。

5.2.6 Bootstrap 前端架构

Bootstrap 是基于 HTML,CSS,Javascript 的前端架构,其操作简洁灵活,使 Web 开发更加快捷、用户交互更加友好。

5.3 统计平台方案设计

统计平台方案设计是指通过设计一套完整、具体的方案来指导接下来的统计产品开发工作。

统计平台方案设计的目标是设计一套完整、具体、规范的方案,参照该方案进行开发的统计产品能够满足客户需求、不超出约束条件,且保证整个开发过程高效、规范。方案设计的具体任务包括功能流程设计、前端设计、接口设计、后台设计、性能设计 5 个核心模块。其中,前端设计主要包括界面设计、输入设计、输出设计和控制界面设计。统计平台方案设计的具体过程如下:

(1) 完成整体功能流程设计。

(2) 分别完成前端设计、接口设计、后台设计,并确保三者可兼容。

(3) 完成性能设计,并根据性能测试结果修改前端设计、接口设计与后台设计。

(4) 对方案设计进行评审,编写方案设计说明书。

(5) 根据方案设计内容修改开发计划,细化、调整方案实施的部署。

5.3.1 功能流程设计

功能流程设计需要确定统计产品最终实现的功能和具体实现流程。

通常一个统计产品可分为前端、后台和接口。统计产品的一般工作流程可描述为从前端界面输入,数据通过接口录入到后台的数据管理平台,对数据进行分析,分析结果通过接口输出到前端页面。如果是非交互式的统计产品,则前端界面输入为空值。若统计产品功能较复杂,可将其分为多个模块,每个模块实现部分功能。统计产品的功能流程设计示例如图5.3.1所示。

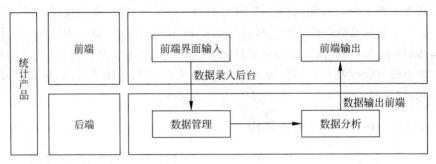

图 5.3.1 统计产品功能流程设计示例

在功能流程设计环节中,除了要细化并确定最终需要实现的功能,还需要对实现方法做好规划,明确需要使用的模型和所需数据,这是整个统计工程的核心。具体实现流程——技术路线,决定了前端的输入信息和后台所需的数据的采集、处理和分析过程。

5.3.2 界面设计

1. 概念

界面设计指的是对于统计产品前端的内容、风格和布局的设计。

2. 原则

界面设计的主要原则有:

(1)满足用户需求,符合用户特点。在操作方式、输入输出的内容等方面,应该适当针对目标使用者做出调整,使界面符合使用者的操作习惯。

(2)风格一致。统一设计风格有利于规范化团队设计,可带来和谐一致的视觉感受,有助于提升产品的用户体验。

(3)重点突出。统计工作者在对前端界面进行设计时应着重强调操作的指令和呈现的结果,避免因加入过多无关元素而对使用者产生干扰。

3. 设计流程

在进行前端界面设计时，首先需要确定界面的数量、各个界面显示的顺序，以及每个界面中需要展示的内容，这部分工作需要建立在前期需求分析的基础之上。在成本有限的情况下，要考虑主要功能优先设计。

确定内容之后，需要设计出产品的整体风格，随后对每个界面进行细致设计，主要包括排版布局、配色方案、字体设计等。

完成全部的设计工作之后再选择合适的界面设计工具将计划落实，常见的界面设计工具有 Illustrator、Sketch、UI Parde。

4. 方法

在界面设计时可以采用快速原型法，即首先构造一个简单的原型界面，然后通过对原型逐步扩充其功能，不断完善得到最终的使用界面。这个原型就相当于最终界面的一个模型，使我们能够在测试过程中不断对其进行检查、修改，直到其性能满足用户最终需求为止。

快速原型法的优点在于让用户在工程的开发设计阶段有效参与进来，避免了因为沟通不足带来的影响。同时，统计工作者与实际产品使用者之间的沟通，有助于优化用户体验，提升产品质量。

5.3.3 输入设计

1. 概念

通过对输入内容、形式、系统帮助和提示进行设计，提高输入的准确性和输入效率。

2. 原则

（1）输入满足需求。为满足系统功能，需要对输入内容和格式进行约束。

（2）简化用户操作。相对于计算机的处理速度，输入过程由于人为参与速度较慢，简化用户操作有助于提高效率和用户体验。

（3）容忍出错。从用户友好型的角度出发，对于用户输入数据应当尽量放宽限制，能够接受多种数据格式。

（4）降低出错率。输入一旦出错便无法得到正确的输出结果，因此在输入过程中，需要对输入内容进行即时验证，并发送提示信息以减少错误。

3. 设计流程

首先，应建立输入标准，包括对内容和输入格式的要求。在此阶段需充分考虑后续数据处理的过程，确保输入的数据足够后续分析使用，同时用户输入的指令与分析过程相匹配。

其次，应在上述内容的基础上，进一步对每一项需要输入的内容和要求的格式进行说明，并在前端标识清楚，确保在使用过程中不会混淆。当操作流程较为复杂时，还需要另外编写输入帮助文档，以便用户在功能众多时依然能够快速找到所需要的功能。

最后，还需要进一步完善输入性能。如通过设置合适的默认值简化用户操作；当检测出输入错误时，可在输入栏的右边显示纠正提醒，方便用户进行撤销操作或重新填写。

5.3.4 输出设计

1. 概念

通过对输出内容、形式、布局等进行设计，使最终输出满足用户需求，提高输出的可读性。

2. 原则

（1）输出在内容、形式、保密要求上均满足需求。
（2）输出信息必须完整、准确、易于理解。
（3）选择合适的形式输出所需内容。如文字、图表、音频等。
（4）合理布局，输出版面清晰简洁，重点突出。可通过调整字体或图表大小、颜色、分辨率等实现。
（5）只显示当前操作的相关信息。
（6）状态提示简明扼要。

3. 设计流程

首先，建立输出标准，针对统计产品的每一项功能分别确定其输出的内容和形式。其次，在输出时应对结果做充分说明；当输出结果内容较多，不易为使用者理解时，还需要适当编写输出文档。

5.3.5 控制界面设计

1. 概念

控制界面的目的是让用户主动控制系统的工作，常见的控制方式包括控制对话、菜单、功能键、图表、窗口、命令等。其中，控制对话常采用简单的问答形式，如是否进行某项操作。

2. 原则

在进行控制界面设计过程中，应尽可能遵从下列原则：

首先，对重要操作，需要通过控制对话来提高操作的准确性，如重要的输入环节应设计控制对话进行确认。

其次，菜单的结构应简洁清晰，尽可能减少菜单层数，便于在使用时快速找到所需要的功能。

再次，应挑选部分常用功能键，将其安排在控制界面中较为显眼的地方。同时，还需要按照所实现功能的逻辑顺序对功能键进行优化布局，降低用户的认知摩擦。

最后，控制界面中的窗口文字应简明扼要。

5.3.6 接口设计

1. 概念

接口设计是指对实现系统间数据交互和共享的技术手段进行设计。

接口可分为外部接口和内部接口。外部接口是指该系统与其他系统之间的接口，如该统计产品是要嵌入到企业已有的信息管理系统中的。外部接口的描述包括传输方式、带宽、数据接口、传输频率、传输量、传输协议。内部接口指的是该系统内部各部件之间、各模块之间的接口，如前端与后台的接口。内部接口的描述包括调用方式、入口信息、出口信息等。

2. 原则

接口设计通常包括以下原则：

(1) 能在特定环境下正常运行。任何接口都是在特定环境下产生的，因此脱离原始环境，接口将会失去原有意义。

(2) 接口能支持所需的传输频率和传输量。

(3) 接口调用简单方便。构成系统的各个模块之间的耦合往往是难以避免的。简单方便的接口调用简化了产品复杂度，降低了开发和维护难度。

(4) 接口的兼容性。接口的兼容性包括向前兼容性和向后兼容性。向前兼容性指当某模块被调整后，其他模块能够正常识别它发出的新版本协议；向后兼容性指当某模块被调整后，能够正常识别其他模块发出的老版本协议。兼容性能够使开发人员在修改一些模块时，避免其他模块的大规模调整。

5.3.7 后台设计

1. 数据采集设计

数据采集设计是指在正式采集前确定合适的数据采集方法、采集工具、采集机制以获取数据的过程。

数据采集原则主要包括相关性、真实性、规范性和及时性。相关性：涉及数据的采集范围和分类方式等方面，反映了满足客户需求的程度。可靠性：使用正确的数据采集方式反映客观真相，不可靠的数据将扭曲最终分析的结果。数据采集的真实性、覆盖率和抽样方式等都是影响可靠性的因素。规范性：通过预先设立规范来约束数据采集过程,提高效率并减少不必要的负担。及时性:对于时效性强的数据,应当及时、迅速地采集,以提高数据价值。

数据采集设计的任务是使数据采集工作高效、有质量地完成,并确保最终获取的数据具有高相关性、可靠性、规范性和及时性。数据采集设计的输入是需求分析文档、数据采集相关知识;输出是具有高相关性、可靠性、规范性和及时性的数据采集方案。

数据采集任务主要包含以下内容:

1) 明确数据需求和定义,制订数据标准

需求分析阶段交付的需求分析文档明确了解决该统计问题的数据需求和定义,即数据采集的对象。为了保证数据质量和后续工作的顺利进行,需要制订数据标准。数据标准指对数据的名称、值域、类型和时间间隔等方面的限定。若有行业常用的数据标准,应参考行业标准,有利于数据理解和共享。

2) 确定数据采集方法

当所需要的数据存储于机构的文件系统或数据库系统时,可直接从内部获取;否则,需要从外部获取。外部获取又可分为购买和自行采集。当存在较权威的数据提供机构时,可考虑向其他机构购买数据,但一般成本较高;否则,需要自行采集。自行采集又可分为实地调查和网络爬取。实地调查成本高、耗时长,大规模采集可行性低;网络爬取成本低、效率高,大规模采集可行性高,但数据不一定可得,数据可靠性较低,后续的清洗工作烦琐。

3) 根据采集方法分解数据采集任务,并针对不同数据模块设计具体采集机制

当采集任务繁重、所需数据需要多种方法采集时,可以根据采集方法将所需数据进行模块化。由此将采集任务分解为相对独立的模块,可实现并行采集,提高效率。

内部采集模块的主要工作是明确所需数据在数据库中的位置和访问权限,通过与数据负责人员沟通进行采集;外部购买模块需要与第三方沟通协调。实地调查模块需要进行调查方案设计、问卷设计、调查员培训、数据采集工具设计等一系列活动,这一过程需要在采集的前、中、后对数据质量进行监控。网络爬取模块要明确爬取网址、爬取工具,必要时自行设计采集工具。

4) 数据预处理和质量评估

为对各模块采集的数据进行校验和规范化,可利用采集工具编写校验、规范化规则,如在关系数据库中将校验规则写成 SQL 语句对结构化数据进行校验。此外,在数据集成之前,各模块应对采集的数据进行质量评估,包括对采集机制可靠性的评估,对数据相关性、可靠性、规范性的评估。其中,相关性评估指是否符合数据需求和定义中的要求,可靠性评估指数据真实正确的程度,规范性评估指数据是

否根据统一的标准进行规范化。

5) 确认数据采集方案编写数据采集文档

统计工作者在完成数据采集方案时,应与用户进行沟通,确认用户认可采集机制的可靠性、认可采集质量评估标准,并确认能够提供数据采集的经济和技术支持。

2. 数据管理设计

数据管理是指确定数据存储平台、数据备份策略、数据安全机制、质量控制策略等一系列活动。通过数据管理设计,可以设定数据的完整性、安全性,并保证数据质量,防止数据被破坏,对数据定期进行更新。数据的完整性:防止对信息的无意更改,确保数据与最初录入的数据一致。数据的安全性:保护数据免受网络攻击或防止数据泄露。

数据管理设计的任务是保证数据管理活动在整个项目周期内有效进行,进而保证数据的高质量、数据使用的高效率和安全性等。数据管理设计的输入是数据说明书、数据管理的相关知识;输出是高质量的数据、高效率与高安全性的数据使用的数据管理设计方案。该任务持续于整个项目周期。

1) 数据管理平台的选择和测试

根据数据规模、结构、更新速度等选择有效的数据管理平台。若数据规模小且皆为结构化数据,则可选择传统的关系数据库。若数据规模大、结构复杂、变化速度快,则应采用分布式数据管理系统。目前,大部分机构仍是关系数据库,如果需要使用分布式数据管理系统,可自行搭建或购买云存储服务。在机构经济允许的条件下,应优先选择高性能平台,实现数据存储、备份、共享、质量监控一体化。

在应用数据管理平台前,应对其性能进行测试。确保不会发生数据丢失、数据乱码、数据访问端口失效、数据泄露等问题。

2) 数据集成与备份

在数据管理平台通过测试后,将采集端的数据集中存储到数据管理平台,并对集成数据的规范一致性、内容一致性进行检验。当不同来源的数据出现冲突时,应制定数据的处理标准。若一致性检验结果较差,应检查并修改数据采集方式等。在此基础上,制订数据备份计划并进行备份。分布式数据管理系统有自动备份的功能。

3) 数据共享与安全

数据的使用者通常是跨部门的,因此需要通过数据共享实现数据资源在各部门之间的流动。高效的数据共享机制应是所有使用者均可直接访问数据存储平台。此外,出于数据安全性的考虑,应由数据管理平台的管理员统一设置用户的访问、操作权限。

4) 数据质量监控

数据质量监控包括前期清理、中期控制和后期更新。前期清理是指数据存入平台后，对其错误值、重复值进行处理的过程，该过程需要根据数据背景建立一套标准，一些清理步骤可以由数据库本身的设计完成，如关系数据库中规定了各个字段的值域和字段间的逻辑关系，当出现异常时会自动报错。中期控制是指制订数据操作规范，并对误操作等影响数据质量的事件进行控制。后期更新指数据的删除、增加、修改等。对于周期性数据，可以通过设置定期提醒更新等机制保证数据的时效性。

5) 数据管理方案确认

用户对数据管理方案进行确认，包括确认能提供数据管理平台支持、认可数据存储备份计划、认可数据共享与安全管理机制和认可数据质量监控标准。

3. 数据分析设计

数据分析设计是指确定技术方案，包括数据的转换、统计模型的选用、模型评价标准的建立等。在数据分析设计的过程中应遵从以下原则：分析方向的相关性，始终围绕着统计产品需求；分析结果的可再现性，做到科学研究的基础要求；分析的可重用性，有助于提高效率、控制成本；分析的自动化程度，使分析过程更高效且可再现；选择合适的分析工具。

数据分析设计的任务是使数据分析工作高效有序地完成。数据分析设计以需求描述与转化说明书、数据分析方法作为输入，以保证具有相关性、可靠性的数据分析结果的数据分析方案作为输出。任务完成的标志是与需求方就数据分析方案达成一致意见。

1) 根据数据模块和任务性质分解数据分析工作

由于数据采集效率和数据分析角度的不同，常常需要对数据分析工作进行分解。

首先，不同采集方法的采集效率是不一样的。内部采集的效率往往最高，而外部数据的采集由于涉及采集工具设计、采集工作部署等，周期往往很长。即便统一采集方法，也可能是分批次完成采集。如果等到所有数据采集完毕才开始数据分析工作，就会大大延长工作周期。因此，如果各数据模块相对独立，可对先完成数据采集的数据模块进行数据分析工作。

此外，即便对同一份数据，数据分析的角度也有很多，且很多情况下是相对独立的。如在进行客户行为分析时，可以对客户进行聚类分析，并对客户行为进行预测，因为这两个分析的结果互不影响，可以让两个分析人员同时进行。

当然，如果数据采集工作简单、数据分析工作规模小，就不需要对数据分析工作进行分解。

2）数据分析平台选择和测试

针对小规模、结构化的数据，可使用传统方法将数据导出到本地计算机，利用本地软件进行数据分析。但若数据规模大，类型多样，就需要使用分布式数据分析系统。分布式数据的分析系统中集成了多种数据处理、数据分析的软件，在操作、算法上均可实现分布式、并行式。无论选择什么数据分析平台，都需要先对平台的性能进行测试，否则无法保证后续分析结果的正确性。

3）探索性分析

在进行正式的数据分析工作前，需要先对数据进行预处理，以提高数据质量简化后续分析，如进行缺失值处理、数据分组、数据排序等；随后借助描述统计、可视化工具对数据的值域、分布、相关关系等性质进行把握。探索性分析的过程可以为后续的分析提供思路。当数据量庞大时，可以先提取一部分数据编写预处理和分析的程序。在探索出规律之后，再将分析扩展到全部数据，从而提高分析效率。

4）模型构建、评估与管理

数据性质决定着应该构建怎样的模型。例如，当研究连续变量时，可考虑回归模型，而当研究分类变量时可考虑决策树相关模型；而当数据结构简单时，可使用线性模型、非参数统计等传统方法；而当数据关系复杂时，可使用神经网络等复杂算法。通常，实现问题的模型方法不止一种，还需要根据用户需求在模型可解释性和预测能力之间做出权衡。例如，工程管理中看重模型的可解释性和效率；而在语音识别领域，识别准确率较为关键，对模型的预测能力和精度有更高的要求。

为了选择最优的模型，应先根据数据分析任务确定对模型的评估标准。统计工作者需要使用不同算法建立多个模型，并通过评估标准进行选择。模型选择的核心思想是从某个模型类中选择出最佳模型。常见的模型选择方法包括交叉验证、广义交叉验证（generalized cross-validation, GCV）等。

当数据量庞大时，可以先提取一部分数据进行建模，缩短模型选择所耗时间。此时要求建模过程程序化，以便后续复用；在确定了模型类型之后，将建模程序应用到全部数据集。通常需要对模型参数等进行调整，还需将程序改写成分布式的分析算法以提高效率。

模型管理包括模型存储和模型监控。一个好的模型可以持续使用很长时间，或是推广应用到其他情境。因此应把构建好的模型妥善存储，以便复用。然而，任何模型都有生命周期，需要对其有效性进行监控，当模型不再有效时，需要用新的数据重新训练。

5）数据分析结果集成评估

把各模块的数据分析结果集成到一起，对其有效性、可靠性、一致性进行评估。有效性是指数据分析结果能否有效解决需求分析中定义的问题的性能；可靠性是指分析时能否正确使用模型的性能；一致性是指评估各模块的数据分析结果是否存在矛盾的性能。

6）解释、可视化数据分析结果

根据需求分析中明确的输出需求，将数据分析结果以合适的形式输出，如利用生动的图表将数字可视化，使分析结果直观明了；使用简洁、清晰的业务语言对分析结果进行解释，以减少用户的学习成本。

7）数据分析方案确认，编写数据分析方案

用户对是否能提供数据分析平台支持、是否认可数据分析方法、最终分析结果是否满足需求等进行确认。经确认后可编写数据分析方案，作为最终输出的一部分。

5.3.8 性能设计

在统计工程中，产品的性能设计主要指的是针对产品更新与可扩展性、产品安全性和产品运行效率的设计。这一阶段的设计主要是对整体工程的优化，因此会涉及前端、接口和后台设计 3 个部分。

1. 更新与可扩展性设计

为了便于统计产品的更新和修改，在设计过程中可以从以下 4 个角度入手。

首先是数据库的更新。在统计产品后续使用过程中，常常需要清除过期数据、补充新的数据或增加新的变量，这就要求我们在设计数据存储和使用方式时应注意其扩展性和兼容性，确保后续删减、修改数据的方便。

其次是模型的更新。将一些经常变动的指标设置为参数，能够避免重写代码，从而简化模型的更新过程，如有时只需调整参数即可实现模型的更新。

最后是模块的更新。统计产品在投入使用之后，可能还需根据实际使用情况适当地增减功能，或对已有功能进行调整。这就需要在前端设计时注重产品的可扩展性，在后台数据管理方式设计时注重"模块化"，尽可能地使各部分功能自成体系，便于后期调整。

除此之外，统计产品的设计还需要便于新增接口。若更换了数据源，需要增加前端与新数据库的接口；或是需要增加外部接口即将该统计产品嵌入已有的信息管理系统。

2. 安全性设计

统计产品的安全性涉及稳定性和保密性两个方面。稳定性指确保产品的正常运行，尤其是在面临突然发生的故障或瘫痪状态时，能够及时恢复到正常状态。稳定性缺陷通常来源于输入错误、数据处理方式错误等。保密性指确保数据不泄露给未经授权的用户，阻止入侵者轻易地访问系统。保密性缺陷常由系统使用权限控制存在漏洞、数据缺乏保护等引起。

为提高设计安全性,常使用的安全控制方法有:

(1) 数据检查。在数据输入时进行输入过滤,即对数据的正确性和完整性进行检查,拒绝可能引发系统安全问题的数据输入。在数据处理过程中,确保数据无失真的传递,防止破坏或篡改。

(2) 用户同一性监测。在用户使用系统前先检查其使用权限,确保每位用户只能执行权限内的操作,严格控制发送、修改和删除数据等操作权限,阻止入侵者轻易地访问系统、窃取和破坏数据。

(3) 保存运行日志。运行日志中记录着所有操作信息,如用户名、登录 IP 地址、时间和操作行为等。当出现安全问题时,这些数据非常重要。

(4) 对重要数据进行加密。如利用特定算法(RSA,Base64,MD5 加密算法)将数据处理为难以理解的密文实现对重要数据的保护,只有通过输入密钥才能阅读或使用这些数据。

(5) 其他措施。如防火墙、用户界面约束、重要程序集中控制、重要信息备份等。

3. 运行效率设计

1) 过程控制

模块化是一种协调工作的机制,具体指将产品系统整体划分为多个模块,每个模块可以由独立的团队进行开发,最终以合理可靠的方式组装成完整系统。随着统计产品的功能复杂化,将产品系统整体划分为多个独立模块是有必要的。在模块化的基础上可利用并行运算,使各个模块在不同的处理器上同时执行。由网络连接的多台计算机能够利用传统串行程序运行中所浪费的潜在计算能力提高产品整体运行效率并节省成本。尤其是在处理复杂问题时,模块化和并行运算能够大大缩短完成的时间。

2) 规范控制

为了提高统计产品的运行效率,还应该注重操作的规范化。

首先,在用户输入时应给予相应的系统帮助和提醒,使其明白需要输入的内容和格式,或通过技术手段对输入内容进行控制,降低错误率。

其次,在输出端应注重对于结果的筛选,只输出当前用户所需的输出信息,从而提高处理效率。

另外,在对数据管理的过程中,有时只需要对重要的数据进行备份,节约存储过程花费的空间和时间;在处理过程中,尽可能地只进行分析所需的相应步骤,避免多余的计算过程,同时选择高效的算法,避免因处理时间过长而影响实际使用。

3）工具选择

在工具选择方面，主要可以从 3 个方面入手：高性能的运行环境、高效的数据管理平台与分析工具和合适的编程语言。一般认为运行环境的性能与运行效率紧密相关；高效的数据管理平台和分析工具拥有灵活高效的数据存储、处理和展现能力，能够提高运行效率；不同编程语言的运行效率差异明显，一般来说语言级别越低运行效率越高。在 R 语言中可以通过 Rcpp 包调用 C++ 提高运行效率。

5.3.9 测试用例设计

（1）设计对单个模块的测试。包括前端输入测试、输出测试、控制界面测试；后台数据采集测试（包括数据的可靠性、规范性等的检验）、数据管理测试、数据分析测试（应用于相同数据，模型结果再现；应用于新数据，模型的稳定性等）；前端输入传到后台的接口测试、后台接口输出到前端的接口测试、外部接口测试；运行环境测试（充分考虑用户使用统计产品的各种环境）。

（2）集成测试设计。集成测试指将多个模块组装起来进行测试，常见的类型包括自顶向下、自底向上、大爆炸集成和三明治集成等。

（3）验收测试。在真实环境中使用经过模块测试、集成测试的统计产品，观察并记录相应的使用情况，及时反馈异常问题和建议，从而改进并完善统计产品。

（4）编写测试文档。包括功能测试报告、性能测试报告、接口测试报告和完整的测试结果反馈。

5.4 可行性分析

在统计工程中，可行性分析这一步以问题定义、初步方案为输入，输出可行性分析文档。在对统计工程进行可行性分析时，应特别重视以下几个方面的评估：

（1）数据评估。即根据问题描述盘点所需数据。统计工作者需要先对目前用户已收集的数据进行评估，观察其是否满足后续工作的需要。如果需要引进外部数据，则要确定可能的数据来源主要有哪些，购买数据的成本大概是多少。

（2）技术评估。即评估已掌握的统计方法与行业经验是否足以解决问题，在所掌握方法不足以支撑工程时应考虑第三方支持。同时，在技术评估过程中需要注意是否有可复用的数据处理分析模块，能够大大降低分析难度并节约时间。

（3）工具评估。工具评估需要确定现有资源是否足够提供工具支持，是否需要设计新工具或是将部分工作外包。具体范围既包括计算机、存储空间、网络连接等基本计算资源工具，也包括数据采集工具、数据管理工具、数据分析工具等软件工具。

（4）还需要进行人力资源评估和时间成本评估。人力资源评估指的是在统计工程正式实施前，先确保团队中有对研究领域足够了解的人员、掌握所需技术的统计工作者、有项目管理经验的负责人等。成本时间评估则是为了确保整个工程能在规定的时间和经费内得到落实。

对成本进行估算时可以选择的方法主要有以下几种：

（1）指标估算法。采用与项目成本度量相关的典型指标对项目成本进行估计，必要时也通过建立数学模型的方法预测工程的工作量和所需各项成本。

（2）专家判定法。由多个专家对项目成本分别进行评估，最终协商达成一致。

（3）类比评估法。根据以往类似项目的成本，修正后作为本次项目成本的估计。

（4）自上而下估计法。首先对工程整体设定预算范围，其次对工程细分并对各组成部分分配预算。

（5）自下而上估计法。首先估计工程中每个具体动作的成本，其次根据工作的分解结构累加成本，最后得出整个工程的成本。

在实际操作中，统计产品开发人员应根据实际需求，从上述方法中选择一个至多个进行项目成本估计。在整个估算过程中，务必保证条目清晰，依据充分。

第6章　统计需求分析

统计需求分析是统计产品开发的首要任务,也是整个开发过程中最关键的一个环节,为后续的产品设计等工作提供依据。统计需求分析的质量对统计产品开发具有重大影响:高质量的分析有助于尽早剔除错误隐患,提高统计产品的质量和开发效率,降低试错成本,而低质量分析中的任何疏漏,都可能会在后续阶段产生严重后果。

6.1 统计需求分析的概念和特点

6.1.1 统计需求分析的概念

统计需求分析是指统计工作人员经过深入细致的调研和分析,准确理解客户对统计产品的功能、性能、界面、运行等方面的预期,将客户的模糊笼统的需求进行完整清晰地描述,从而确定统计产品要"做什么"的过程。

在前文可行性分析的基础上,对统计产品的功能和属性等做进一步的详细描述及确认,包括需要输入什么数据,最后输出什么内容等。这一阶段需要确定统计产品"必须完成哪些工作",同时提出完整、准确的具体要求,而不是确定"怎么做"。

6.1.2 统计需求分析的特点

统计需求分析具有决策性、方向性和策略性。统计需求分析是统计产品开发的基础,其工作量虽仅占开发总量的约30%,但其质量对整个项目能否顺利进行极为重要,将为后续设计、实现、测试和维护等工作提供重要依据,并可提高统计产品的质量和开发效率,降低开发成本和风险。

统计需求分析具有以下特点:

(1) 问题复杂。导致统计需求分析问题复杂的主要原因:一是需求面对的应用领域广泛且复杂,常涉及众多的利益相关方;二是用户需求涉及众多因素,如功能、性能、设计、体验等。

(2) 动态的需求。客户需求在整个统计产品开发周期经常会随着时间和业务而变化。有的企业可能正处于成长期或调整期,其需求随着企业变动而演化发展。此外,随着项目进行,双方对问题的理解也在加深,也可能引起需求的变化。不断地变更需求会增加按照预定计划完成开发的难度,甚至导致代价极高的返工,以至于延误工期。因此,统计工作人员应该认识到需求变化的必然性,并采取相应的措施降低需求变更带来的风险。

(3) 达成共识难。统计需求分析涉及管理层、业务层、统计分析人员等,由于彼此知识背景、角色、角度不同,达成共识较难,需要不断磨合,才能对问题的理解达成一致。

6.2 统计需求分析的目的和原则

6.2.1 统计需求分析的目的

统计需求分析用于获取客户的具体需求,通过对实际需求的获取、分析、文档化和验证等统计需求分析过程,为统计产品的进一步设计和开发提供依据。

6.2.2 统计需求分析的原则

为了促进统计工作的规范化、科学化,统计需求分析应遵循以下基本原则:

(1)相关各方充分交流。统计需求分析阶段应尽可能全面地收集用户需求,统计工作人员也应积极提出对问题的理解,充分的交流有助于双方对问题的认识达成一致,降低后期需求变更的风险。

(2)统计需求分析方法应该容易被用户理解。统计工作人员要使用符合用户语言习惯的表达方式,尽量多地了解用户的业务和目标,获得满足用户所需的功能和性能的统计产品。

(3)统计需求分析结果应规范化,形成文档。统计工作人员需要编写需求报告,用客户容易理解的方式准确而详细地说明产品需求,描述统计产品的功能、性能及其他特点。

(4)评审需求文档。为保证需求文档的准确性和完整性,需要对统计需求分析结果进行评审和验证。

(5)制订统计需求分析的变更管理规程。需求的变更会直接影响产品后续设计、实现、测试等一系列工作,因此要对其进行严格管理。

6.3 统计需求分析的任务和过程

6.3.1 统计需求分析的任务

统计需求分析的任务是确定统计产品的功能、性能、界面、接口等具体要求,确定统计产品要完成的工作,为统计产品的设计和实现奠定基础,即确定统计产品完整、准确、清晰、具体的指标要求。同时还要进一步明确包括时间、成本、运行环境、工具等在内的约束条件。

6.3.2 统计需求分析的过程

(1)确定总体目标和组织结构。通过调研分析,确定用户机构的总体目标、组织结构、业务管理方法、决策方式等。

（2）深入领域分析，画出业务流程图，并从中找到优化的方向。由于统计产品服务于特定的行业、企业，它的特性决定了要与所服务的应用领域中的知识、业务、技术、数据等紧密结合。因此，必须深入了解统计产品的应用领域，并进行细致的分析。

（3）确定产品的使用人员，了解他们对统计知识、计算机知识的掌握程度。

（4）确定功能需求，并完成功能结构图。功能需求具体而言是指统计产品能将特定的输入转化为特定的输出。对于功能复杂的统计产品，可利用功能结构图，将其功能进行细化和分解。以树状和层级关系结构图描述统计产品功能模块的具体功能和关系。

（5）获取性能需求，列出性能点列表。根据需求确定统计产品的性能指标，如上网传输和运行速度、可靠性、安全性等。性能需求是为了保证统计产品功能的实现和正确运行，对统计产品的效率、可靠性、安全性、可扩展性、可维护性等的规约。

（6）获取界面需求和接口需求，画出界面草图。界面需求包括风格、色彩、版面设置等，界面设计的原则包括：方便、简洁、美观、一致等。接口需求包括外部接口需求和内部接口需求。

（7）确定约束条件。包括时间、成本、运行环境、工具等。运行环境包括统计产品运行时所需的硬件条件、操作系统、服务器和计算机与网络资源等。工具包括前端设计工具、数据库管理系统、数据分析工具等。

（8）修正开发计划。经过统计需求分析后，对项目有了更深一步的认识。此时通过开发工期、费用、进度、风险等方面的分析与评估，修改开发计划，可以促进统计产品的开发设计和项目的实施。

（9）编写需求文档，验证确认需求。通过分析确定了统计产品必须具有的功能和性能等具体需求指标，定义了所需数据、描述了数据处理分析的技术路线，应该将分析的结果用正式的文件记录下来，作为最终交付的一部分。同时，对各项具体需求需要与用户进行逐一验证。

6.4 统计需求分析的描述工具

6.4.1 业务流程图

业务流程图用尽量少的规定符号和连线的图形表示某个具体业务的处理过程，其易于阅读和理解，是分析业务流程的重要工具。

业务流程分析可以帮助了解某项业务的具体处理过程，发现和处理工作中的错误和疏漏,修改和删除不合理的部分,在原有基础上优化业务处理流程。常用的业务流程符号如图 6.4.1 所示。

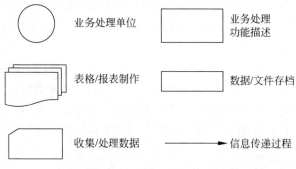

图 6.4.1 常用的业务流程符号

6.4.2 功能结构图

功能结构图是按照功能的从属关系画成的图表,图中的每一个框都被称为一个"功能模块"。功能模块可以根据具体情况分解为不同大小,分解得最小的功能模块可以是一个程序中的每个处理过程,而较大的功能模块则可能是完成某一个任务的一组程序。

功能结构图的设计过程就是把一个复杂的系统分解为多个功能较为单一的系统的过程。这种分解方法称为"模块化"。模块化是一种重要的设计思想,这种思想把一个复杂的系统分解为一些规模较小、功能较简单的、更易于建立和修改的模块。一方面,各个模块具有相对独立性,可以并行设计来提高效率;另一方面,各模块之间具有相关关系(信息交换、调用关系等),并在这些关系的约束下共同构成统一的整体,完成系统的各项功能。

功能结构图主要是为了更加明确地体现内部组织关系,更加清晰地理清内部逻辑关系,做到一目了然规范各自的功能部分,使之条理化,其示意图如图 6.4.2 所示。

6.4.3 数据流图

数据流图是一种图形化的系统模型,它在一张图中将新统计产品建模为输入、处理、输出和数据存储。它运用图形方式描述系统内部的数据流程,形象准确地表达了系统的各处理环节和各环节之间的数据联系。数据流图运用加工、文件、数据流线等图形反映统计产品的逻辑功能及其内部的数据联系,简单易理解、应用广泛。

数据流图是结构化分析的基本工具,由一系列表示系统中元素的图形符号组

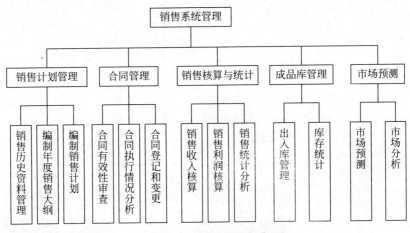

图 6.4.2　功能结构图示意图

成。数据流图的基本符号见表 6.4.1。

表 6.4.1　数据流图基本符号表

符号	名称	说明
◯	加工	在圆中注明加工的名字与编号
→	数据流	在箭头边给出数据流的名称与编号,注意不是控制流
↘ ↙	数据存储文件	文件名称为名词或名词性短语
▭	数据源点或汇点	在方框中注明数据源点或汇点的名称

在明确"做什么"之后,通过方案设计确定"怎么做",通常先进行后台设计,在确定好所需数据和模型之后再进行前端设计。

第7章 统计产品的方案实现、发布与维护

方案实现包括方案实施和产品测试两部分。其中，方案实施指在完成方案设计并且得到准确且详细的过程描述之后，将其付诸实践，完成统计产品从概念到实体的转化。产品测试指依据事先制订的测试标准与计划，完成对统计产品的测试工作，确定所实现的产品符合相应的标准，得到统计工程的最终结果。

之后，将经过测试的统计产品正式投入生产，即发布统计产品。而由于业务变更、技术平台更新等多种原因，通常需要对统计产品进行修改活动，即对统计产品的维护。维护工作能使统计产品适应新的生产环境或应用场景，提高统计产品的寿命和应用范围。

7.1 方案实施

7.1.1 方案实施的概念和特点

统计工程方案实施是在设计方案确定的开发平台下，使用特定的开发工具和语言，构建统计模型，完成前后台搭建并组合成为完整的统计产品的过程。

一个好的方案实施过程应分工合理、开展有序，并具有以下 5 个性质：客观性、科学性、统一性、及时性、保密性。

在数据选取过程中，应注重数据来源的真实可靠，保证数据的准确与客观。在进行数据分析时，应保证每一步处理有理有据，避免犯低级错误，保证统计工程的严谨与科学。各个部分的统计工作在执行过程中，应尽量保持一致的数据来源和口径，保证统计工程统一而易于理解。另外，数据更新应及时、方便，如果有新的、更合适的统计工具和实现方法也应尽量选用。最后，对统计工程中的重要数据应严格保密，避免因数据泄露造成负面影响。

同时，好的方案实现过程在编程部分应具有以下 4 个特点。

1. 遵守编程规范

遵守编程规范的目的是提高程序的可读性。在对变量、函数和文件等进行命名时应尽量做到"见名知意"，例如命名求和项为 sum 或 total。同时，要注重命名方式的一致性并告知合作者。流行的命名方式有驼峰法和下划线命名法。驼峰法指除第一个字母外每个单词以大写字母开头，例如，求平均点击量的函数命名为"calculateAvgClicks"；下划线命名法是使用下换线"_"连接单词，例如将平均点击量命名为"avg_clicks"。

编写程序注释时应简明扼要。大多数编程语言允许自然语言注释，通常使用头部注释介绍程序文件，包括程序名称、作者、功能、使用说明及开发和审核信息等；使用分块注释介绍代码块的主要功能，如某一模块用于读入数据或是画图；对某些重要的代码，如特殊算法，尽量逐句添加注释。

为保证代码的整洁与清晰，应控制每行代码的长度，同时在二进制操作符前后和逗号后加上空格。应尽量避免多重循环嵌套，且每行只编写一条语句。逐行编写代码的示例如图 7.1.1 所示。

```
1  if (condition) {
2      one or more lines
3  } else {
4      one or more lines
5  }
```

图 7.1.1　逐行编写代码示例

2. 精简编程

精简编程指的是通过统一的规范降低代码复杂程度。在统计产品方案实施的过程中，应采用尽量简单的数据结构，缩短计算用时。通过调用函数避免代码的重复和冗余，即功能相同的代码只写一遍。最后，可使用向量化处理代替 for 循环，简化代码并提高运行效率。向量化运算示例如图 7.1.2 所示。

```
1  # 构建一个3*3的矩阵，要求第一列全为1，第二列全为2，第三列全为3
2
3  # 方法1：for循环
4  m <- matrix(1, nrow = 3, ncol = 3)
5  for(i in 1:3){
6      for(j in 1:3){
7          m[i,j] <- j
8      }
9  }
10
11 # 方法2：向量化运算
12 m <- matrix(1, nrow = 3, ncol = 3)
13 m <- m%*%diag(1:3)
```

图 7.1.2　向量化运算示例

3. 便于测试和扩展

要使统计产品便于测试和扩展，除了以上对规范和编程精简的要求，还需要注意将其按照功能模块化，每个特定的部分应是小的、尽量独立的应用模块，负责实现相应的功能。这样在测试过程中能大大节省发现、定位问题的时间，当统计产品的功能需要更新时，也便于对各部分组件进行补充或删除。同时，需要通过自包含、自封装的方法减少相互之间的依赖程度，做到低耦合。

7.1.2　方案实施的原则

在统计工程方案实施的过程中，需要遵守以下原则：

（1）严格遵照设计方案进行。要想使统计工程得到的最终产品实现预期的效果，就需要统计工作者在实施方案时严格依据之前的设计执行。同时，遵照设计方案依次完成各个步骤能够避免各部分功能之间的冲突、防止出现混乱，有条不紊地完成方案实施工作。

(2) 方案实施过程要如实记录。在方案实施过程中，统计工作者应记录下每一步骤实施的时间，各个人的工作内容以及在各环节中出现的问题和相应的解决方法。这样在产品测试和修改阶段就能够尽快找到问题和责任人，提高修改效率。

(3) 及时沟通。在大型统计工程中，不同方案的实施步骤需由不同的人完成，有时设计者和执行者也不是同一批人，这就需要良好的沟通以保证整个项目的正常运作。尤其是当出现设计方案不适用时，需要执行者及时反馈问题，经多方沟通后对原有方案进行调整。

7.1.3 方案实施的任务和过程

方案实施的任务是依据设计方案制订过程、采用相应方法和工具完成统计产品前端界面和后台功能的制作，使最终得到的统计产品能够在功能和性能上满足用户需求。

方案实施的具体过程如下：

(1) 遵照设计方案的过程进行。在执行设计方案的每一步骤前，统计工作者应全面考虑该步骤中所需完成的事项和指标，确认无误后再执行。

(2) 记录每一步骤是否均按计划进行。在实施方案时应对每一具体步骤的执行情况进行记录，若遇到设计方案不适用的情况，应及时反馈遇到的困难，协商修改设计方案。

(3) 编写方案实施文档，在必要时根据实际执行情况适当修改开发计划。在设计阶段对于每个步骤的执行困难判断可能出现的偏差，在实施过程中如果遇到确实不能及时完成的情况，也应该尽早修改开发计划，便于对工程整体执行情况做出准确判断。

(4) 编写统计产品使用文档。描述统计产品提供的所有功能和相应的实施方式，必要时给出对应案例。如果功能相对复杂，可先由各个部分的实施人员编写操作指南，最后由指定人员统一编排、完善。

7.2 统计产品测试

7.2.1 统计产品测试的概念和特点

统计产品测试是为了在正式发布前发现统计产品自身存在的问题及其在投入生产时可能出现的问题，在规定的条件下对产品进行测试，然后进行针对性修改或制订相应的解决策略，控制出错风险的过程。

理想的统计工程实现是完全可靠的，即每一步都建立在先前活动正确输出的基础之上,最终输出符合规范并且满足需求。但实际上,工程的每个步骤都可能出现错误和不确定性,导致不理想的输出结果。因此对于统计产品的测试贯穿在工程实现的每个步骤中,实现人员需要尽可能检测自己负责的模块,及时发现问题、预防错误扩散。另外,在测试时还需有针对性地选择最有可能暴露问题的方式进行检测,如使用一些边界值,特殊的数据类型等。

通常,统计产品测试包括两类。第一类是在方案实施的每个阶段中,需要回顾上一阶段制定的目标,通过测试确定已经达成后,方可进行下一步骤;第二类则是在统计产品完成设计和生产的所有流程之后,在正式投入使用之前对整个产品是否达到项目开始之初所制定的预期进行测试,通过测试后方可正式投入使用。两类统计产品测试示意图如图 7.2.1 所示。

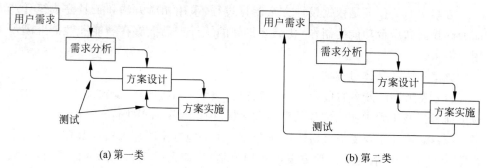

图 7.2.1 两类统计产品测试示意图

7.2.2 统计产品测试的原则

在统计产品测试时应注意以下 4 个原则:

(1) 全面、细致。在设计统计产品时要求各部分之间尽量做到低耦合,即尽量避免互相影响,每个部分只满足特定的功能或性能要求。因此,个别的错误虽然不会影响整个统计产品的运行,但必然影响其所对应的功能部分,且由于产品低耦合的特性更难被发现,更要求统计工作者在进行产品测试时应全面且细致。

(2) 每实现一个重要节点或模块就进行测试,在测试通过后再进入下一步骤。统计工程的测试不应等到整个产品制作完成之后才开始检测,在执行的各个阶段进行检测有助于尽早发现问题和预防错误,将出现的问题尽快解决,避免错误扩散和隐患留存。

(3) 交叉检测。在大型的统计工程中,测试工作不仅由执行者负责,还需要由他人做进一步检测。这是为了避免开发人员在理解上出现偏差,或对于一些细节错误有所遗漏。第三方检测更具有可信度。

(4) 关注群集现象。当在检测某一特定部分发现错误时,应重点关注同类型部分和可能发生同类错误的地方,尤其当一类错误出现群集现象时,应深入探究其原因并解决。

7.2.3 统计产品测试的流程和方法

1. 统计产品测试流程

(1) 制订测试计划。

(2) 对单个模块进行测试。包括对统计产品前端进行的输入测试、输出测试、控制界面测试;后台数据采集测试(包括对数据的可靠性、规范性等进行检验)、数据管理测试、数据分析测试(应用于相同数据时,模型结果再现;应用于新数据时,保持模型的稳定性等);前端输入传到后台的接口测试、后台接口输出到前端的接口测试、外部接口测试;运行环境测试(充分考虑、模拟用户使用统计产品的各种环境)。

(3) 集成测试。集成测试指将多个模块组装起来进行测试,基本的集成测试法有自顶向下法、自底向上法两种。①自顶向下法指从顶层模块开始,沿着控制层次,逐步集成各级子模块进行测试,其示意图如图7.2.2所示。其中,测试驱动程序用于传递测试数据,桩程序用于模拟尚未集成的底层模块。自顶向下法不需要重新编写驱动程序,能够在早期方案设计中发现问题,但对底层错误发现较晚,并且需要桩程序。②自底向上法指从单个模块开始集成,最终对组合成的完整产品进行测试和调整,其优缺点与自顶向下法正好相反。自底向上法的集成测试示意图如图7.2.3所示。

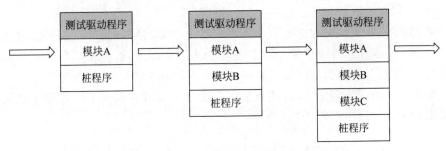

图 7.2.2 自顶向下法的集成测试示意图

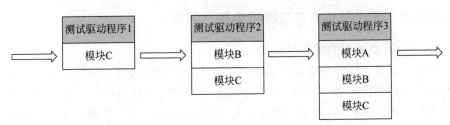

图 7.2.3 自底向上法的集成测试示意图

（4）验收测试。验收测试包括内部测试和外部测试。内部测试是指统计产品的开发和测试人员尽可能地模拟实际环境和用户操作；外部测试是选取一些典型用户，在真实环境中对使用产品进行观察并记录使用情况，及时反馈异常问题和建议，从而改进并完善统计产品。

（5）编写测试文档。一份完整的统计产品设计文档应包括功能测试报告、性能测试报告、接口测试报告和完整的测试结果反馈。

2. 统计产品测试方法

在对统计产品进行测试的过程中，常使用黑盒测试和白盒测试两种方法。在实际统计工程中，通常在模块测试中大量采用白盒测试方法，而在集成测试中采用黑盒测试与白盒测试相结合的方法。

黑盒测试将整个统计产品或其中的某一功能模块视为一个细节未知的黑盒，测试人员只知道操作界面和接口外部的情况，并不知道内部的工作过程。在黑盒测试的过程中，测试人员通过对比需求分析结果和实际操作结果，检查统计产品的功能是否齐备。这种方法可以发现的错误包括：功能错误、功能遗漏、界面错误等。

白盒测试与黑盒测试相对应，是对统计产品内部执行过程的测试，测试人员在明白内部逻辑结构后对所有过程进行测试。这时，测试人员需要对每个模块的每个操作路径进行测试，对每个循环在边界条件和一般条件下进行测试，检测统计产品的所有内部数据结构的有效性。白盒测试能够比较彻底地检测每个路径的错误，但无法检测遗漏的功能。

除此之外，在测试过程中还有一些对于特定功能、性能的针对性测试，例如检测统计产品在操作全过程中使用是否便利的易用性测试，检测统计产品在各类操作系统中、使用各类数据源时是否能正常运作的兼容性测试，检测统计产品使用的最低配置需求的压力测试等，这些方法需要统计工作者在实际工作过程中根据具体需求灵活选择。

7.3 统计产品发布与维护

7.3.1 统计产品发布与维护的概念和特点

1. 统计产品发布的概念和特点

统计产品发布是指将统计产品正式投入生产使用的过程。产品发布不只是将统计产品交付给使用者，其核心是进行用户培训和提供使用指导。由于用户并不了解产品的内部操作，需要介绍产品的基本功能和操作方式，否则将无法正确有效地使用产品，导致对产品效果不够满意。

2. 统计产品维护的概念和特点

统计产品维护是指在产品发布后根据需求对统计产品进行修改的过程,按维护目的可以分为改正性维护、完善性维护和适应性维护。对统计产品的维护可以延长统计产品的寿命、扩大其应用效益、优化用户使用体验。

改正性维护指对统计产品的错误进行纠正。由于实际生产环境相对复杂,测试过程可能不彻底,一些问题在统计产品投入实际生产后才会暴露出来。尤其在采取一些新策略的初期,要密切关注关键绩效指标(key performance indicator,KPI),对统计产品进行及时的评估与反馈,并对其中不合理的结果、不恰当的模型、不可靠的数据等进行修正。

完善性维护指在呈递统计产品后,针对用户在统计产品功能和性能上提出的新要求进一步完善统计产品。例如,原本对用户行为的分析只进行了聚类分析,现要求增加对用户行为的预测分析,则需要在完善性维护过程中增加预测模型;又如原本对模型准确率的要求只有70%,现提高到85%,则在完善性维护时需要进一步调整模型,收集新数据等。

适应性维护是指当统计产品的产生环境或应用环境发生变化时,需要对统计产品进行适应性维护。如当机构的数据采集平台、管理平台、分析平台发生变更时,其数据采集工具的设计程序、数据管理方案、分析流程代码等可能都需要修改,以适应新的平台;或者统计产品应用效果良好,用户希望能在未来一段时间内持续应用或是将其推广到其他产品,其对应的模型要根据新的数据集进行训练调整等。

统计产品维护的特点为:①改正性维护工作集中在产品发布的前期。因为正常使用是对统计产品的基本要求,相比之下适应性和完善性维护都是发展性的需求。发现错误必须及时更正,统计产品才能投入生产使用。②完善性维护集中在产品发布的中期,即统计产品已经投入生产中一段时间,基础功能已经经过了考验。在此基础上,通过对统计产品做一些改进可以更好地满足用户的需求。③适应性维护集中在产品发布的后期,即统计产品在原有的平台上正常运行,应用效果也得到了较好的完善。此时,客户可能会提出扩大统计产品的应用规模或应用领域的要求,以更好地利用该统计产品增加生产收益。统计产品维护方式特点的示意图如图7.3.1所示。

7.3.2 统计产品发布与维护的原则

1. 统计产品发布的原则

在统计产品发布阶段需遵循以下几项原则:

(1)在产品正式发布前通过验收。通过验收的统计产品具备用户所需的全部功能,同时在使用过程中各项功能运行正常,各项性能满足用户需求。

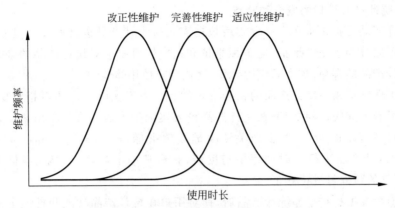

图 7.3.1 统计产品维护方式特点示意图

（2）产品发布时应保证所提供的数据、代码、文档完整。在提供最终产品时应清点所有使用到的数据或数据接口，确保代码完整，文档准确而易于理解。

（3）产品发布后应提供相应的培训服务。在将最终的统计产品交付使用时应提供必需的使用指导或教程，确保使用者掌握正确的操作方法。

2．统计产品维护的原则

在产品维护阶段应遵循以下几项原则：

（1）提前做好产品维护的准备工作。在需求分析与方案设计环节，就可以提出一些可能的完善性维护和适应性维护，如该统计产品需要推广到其他相似的业务领域、用户公司在一年内会更换应用系统等，在设计时充分考虑调整的情况可以有效提高产品的可维护性。

（2）及时跟进了解使用情况。在统计产品交付使用之后，开发人员还应定期跟进了解使用情况，对于使用者反馈的问题及时予以记录和解决。这样能够进一步提升统计产品服务的质量，有利于今后统计工程工作的开展。

（3）选择尽可能少地改动原产品的维护方案。在发现新的需求或隐藏的问题之后，在制订维护方案时，统计工作者需要尽量控制改动的范围，提高维护效率。虽然统计产品在设计过程中有低耦合的要求，但各部分之间仍然可能互相影响，控制改动范围也能够尽量避免维护工作给统计产品的其他功能带来影响。

（4）充分利用文档说明。在统计产品实施的过程中，按照规范要求都应编写相应文档。因此，在后续的维护初期，维护人员可以按图索骥，找到需要修改的模块和对应的技术细节，节约维护工作的时间成本。

（5）充分利用模块化的思想。在设计阶段将产品按功能模块划分并封装，在维护阶段仅修改涉及的模块。若维护时需要新增部分功能，则应尽量以独立模块的形式加入，避免对其他功能产生影响，也便于后续修改。

7.3.3 统计产品发布与维护的任务和流程

1. 统计产品发布与维护的任务

统计产品发布的任务是将其交付给使用者,并完成必要的使用培训,保证统计产品正确使用并满足用户需求。

统计产品维护的任务是使统计产品能够持续有效地促进生产、满足用户需求,进而延长统计产品的寿命或是扩大统计产品的应用范围。

2. 统计产品发布与维护的流程

1) 发布统计产品,进行使用培训。在统计产品通过验收之后,将最终的产品和配套文档交付使用,并提供相应的使用培训服务。对于较复杂的统计产品,应针对不同的使用部门组织相应的培训,进行整体介绍、特定功能讲解以及操作示范,并进行针对性练习、考核等,确保用户能够掌握所需功能的使用方法。

2) 交付相关文档,包括需求分析文档、方案设计说明书、方案实现文档(包括测试分析报告),以及统计产品使用和维护说明等。其中的重点是提供详尽的产品使用说明,以便用户在操作过程中遇到困难及时查阅,自行解决问题。同时也能帮助开发者减轻产品使用培训工作的负担。

3) 根据使用反馈进行维护活动。通过定期的回访或特定的反映渠道收集反馈信息,了解统计产品在实际生产过程中的使用情况。在相互协商并确认维护要求之后,根据使用者的需要和使用过程中发现的问题对统计产品进行必要的修改、迁移等。最后,在维护完成时还应对整个维护过程(包括遇到的问题、采用的解决方法、最终实现的效果等)予以记录。

第8章　案例

在本章中，我们综合之前几个章节中对于统计产品工业化实现的要点描述，结合以往实际工作中接触到的 3 个案例(某石油公司油品定价和某大型超市用电情况等)，具体介绍统计工程的分析、设计、实现过程。帮助读者更好地理解内容，并应用于日常工作中。本章将主要以超市用电情况监控系统为例，阐述统计产品从分析、设计到最终实现部署与维护的全过程。

8.1 可行性分析案例

8.1.1 《某大型连锁超市用电情况监控系统可行性分析报告》

1．引言

1) 编写目的

本报告旨在对某大型连锁超市用电情况监控系统开发过程可行性分析工作进行汇报，简要介绍项目开发背景和开发过程中所需各种条件的满足情况，帮助管理层把握项目基本情况，并对是否进一步开发该项目进行准确决策。

2) 项目背景介绍

对于大型连锁超市，电费支出是一项重要的经营成本，但在以往的经营过程中，总公司对于各连锁超市的用电情况并没有相关的统计分析，只是笼统地计数。面对逐渐激烈的市场竞争和缩减的利润空间，公司需要从精细化管理和成本控制方面入手，结合已有的用电记录和各连锁超市的基本信息，建立合适的电费管控模型。

3) 定义

(1) 波峰时段用电量：每日 7 时至 23 时的超市用电量。

(2) 波谷时段用电量：每日 23 时至次日 7 时的超市用电量。

2．前提介绍

1) 项目需求

(1) 功能需求

本产品的功能主要有统计功能和交互功能两个部分。统计功能主要要求产品能够根据一般的统计研究思路自动对数据进行预处理，自动建模预期电量的使用情况。交互功能要求能够实现数据集上传和筛选功能，由用户主动选择所需的统计模型，生成可视化结果。

(2) 性能需求

合理性：历史数据中自动纠正错误数据，填补缺失值，保证用电成本计算准确。

安全性：公司内部提供的建模数据(如各连锁超市用电量、用电成本等)不外泄。

灵活性：管理者能够筛选地区、统计模型，在地图上点选、查询各连锁超市的用电情况。

稳定性：当输入、运行环境变化时，产品仍能正常运行。

2）约束条件

产品的约束条件见表 8.1.1。

表 8.1.1　产品的约束条件表

时间约束	一个季度
成本约束	××元
数据约束	1. 各连锁超市历史用电成本（从内部数据库获得） 2. 各连锁超市基本经营情况（从内部数据库获得） 3. 各地区历史用电价格（从地区供电部门网站获得） 4. 各连锁超市地图坐标信息（从公开 API 获得）
技术约束	1. 缺乏现成统计模型 2. 缺少统计建模相关技术
工具约束	1. 公司内部数据库描述 2. 公司内部前端设计团队描述
人力资源约束	缺少统计建模专业技术人员

3. 对现有系统的分析

1）处理流程和数据流程描述

当前公司内部数据库存有各连锁超市用电情况的历史数据，包括各时段用电量、用电成本等，但过去没有进行过系统的统计分析，只作为成本项加入定期的会计计算中。

2）局限性

由于连锁超市在经营过程中用电成本较高，且受到超市大小、所在地区用电价格、地区气候条件等因素的影响，难以评估用电成本项是否合理，对该项成本无法分析和管控。

4. 数据可行性分析

表 8.1.2 列出了产品数据需求清单，由表中统计情况可知该项目所需数据基本完备。

表 8.1.2　产品数据需求清单

数 据 描 述	数 据 来 源
各连锁超市历史用电量	公司内部数据库调取
各连锁超市历史用电成本	公司内部数据库调取
各连锁超市基本营业信息	各连锁超市核实后比对写入数据库
各连锁超市所在位置地图信息	外部 API 接入
……	……

5．技术可行性分析

1）新系统简介

该系统建立在各连锁超市用电成本历史数据上，经过缺失值、异常值处理，结合各超市地理信息建立统计模型。管理者依据自身需要，选定数据范围和应用的统计模型，系统经计算自动输出可视化结果，以此为连锁超市用电成本管控提供数据支持。

2）新系统的优越性

管理者可以更加便捷地选择所需的数据范围进行分析，并在地图上加以展示，与过去定期的汇总结果相比更加灵活，且不再需要对数据进行手动汇总。同时，依托新系统建立的统计模型进行计算，能够有效评估各连锁超市的用电情况，为后续管控措施提供数据支撑，帮助寻找经营过程中的可提高空间，降低成本以保证公司利润。

3）处理流程和数据流程

将各连锁超市历史用电情况存储于 MySQL 数据库中，将统计模型名称和存储路径作为字典封装集存于系统中。当用户指定数据范围和选用的模型之后，从数据库和模型库中分别调取内容并执行，将结果以 JSON 格式传输。计算结果进入前端后，除常规的图表展示之外，同时通过百度地图 API 用于展示地理位置信息。最终形成该系统的最终输出。

4）技术需求情况统计

表 8.1.3 给出了产品技术需求清单。

表 8.1.3　产品技术需求清单

技 术 内 容	获 取 方 式
前端界面设计	公司内部前端工作人员实现
价格统计建模	本团队搭建与维护
数据库	公司内部 SQL 数据库

5）技术可行性评价

该项目执行所需各项技术基本完备，符合开发需求。

6．经济可行性分析

经济可行性分析包括支出预算、效益估算和可行性评价，涉及商业细节的内容此处暂不提及。

8.2 需求分析案例

8.2.1 《某大型连锁超市用电情况监控系统需求分析说明书》

连锁超市用电情况监控系统旨在实现基于某大型连锁超市 2016—2017 年单位面积用电情况的数据集的交互统计产品。因此,其主要需求包括统计功能实现和交互功能实现两个方面。在统计功能中,根据一般统计研究的基本过程与思路,首先需要包括数据缺失值处理、异常值处理等数据预处理功能;其次需要实现统计模型的代码化、自动化,使获得数据和必要参数后的统计模型能够顺利自动运行得到分析结果。在交互功能中,从用户的角度出发,需要的功能主要包括上传数据集、选择数据筛选方式、选择使用的统计模型、生成可视化结果。

1. 客户总体目标和组织结构

客户某公司是一家大型连锁超市,统计工程的总体目标是通过整理、分析各连锁超市用电情况与经营情况、地理位置等因素之间的关系,帮助管理者了解、评估超市经营时的用电成本,以达到精细化管理的目的,进一步提高公司利润。

该公司规模为……,共 x 个部门,其组织结构示意图如图 8.2.1 所示。

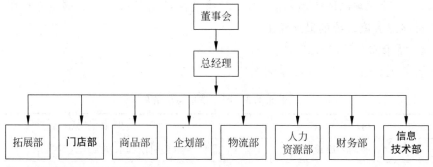

注:黑体部门为本项目主要合作对象。

图 8.2.1 公司组织结构示意图

2. 现阶段业务流程图和优化方向

1) 当前业务流程简介

某公司现阶段的用电管控流程图如图 8.2.2 所示。

2) 问题分析

过去总公司在管理用电成本的过程中缺少科学依据,仅靠汇总数据和管理者的个人经验进行管理。同时,由于连锁超市在经营过程中用电成本较高,且受到超市大小、所在地区用电价格、地区气候条件等因素的影响,难以评估用电成本项是

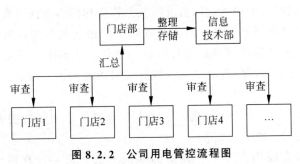

图 8.2.2　公司用电管控流程图

否合理,对该项成本无法进一步分析和管控。

3) 应对措施

建立历史用电情况数据管理与分析系统,通过对以往累积的历史数据的整理、展示和统计建模分析过程,为总公司管控用电成本提供依据。各连锁超市协助总公司检查、更新各自经营情况的基本数据,包括经营面积、各项目的经营情况、日常营业时间和地理位置信息等。当基本信息发生变动时应主动汇报并更新数据,保证建模数据的合理可靠。

总公司依据数据分析和模型产出建立了一套统一的用电评估标准。部分指标可以作为非必选的参考项,结合管理者以往的管理经验进行选择。结合地图信息,展示统计建模和历史数据处理结果,帮助管理者全局把控,调整策略,考核绩效等。

3. 确定产品使用人员

该产品使用人员主要为连锁超市总公司的管理者,能够在帮助文档的指导下操作系统查询所需数据,阅读统计分析结果,并根据数据与图表对之后用电情况的管控制定相应策略。在统计知识上,初步设定为没有接受专业训练,对于统计分析结果及可视化需尽可能简明扼要、突出重点、易于理解。

4. 功能需求

1) 功能结构图

本产品的功能主要有统计功能和交互功能两个部分。统计功能主要要求产品能够根据一般的统计研究思路自动对数据进行预处理,自动建模预期电量的使用情况。交互功能要求能够实现数据集上传和筛选的功能,由用户主动选择所需的统计模型,生成可视化结果。

2) 数据流图

用户通过网页提交原始数据,如果格式满足要求则进入数据预处理模块进行数据预处理,否则在网页上提示提交失败。如果完成数据预处理,则进入数据分析模块,将数据存入数据库并在网页提示数据导入成功,否则返回网页提示数据预处理失败。导入成功后,用户通过网页进行数据筛选和模型选择请求,请求将传入数据分析模块。系统将根据请求并调用数据库中的筛选数据进行对应的模型分析,之后将得到的分析结果传回网页进行数据可视化。如果用户需要修改请求,则将返回"提出用户请求"步骤,否则结束。数据流图如图 8.2.3 所示。

3) 数据字典

本模块主要涉及 1 个外部数据——分析结果和 3 个内部数据表——数据筛选表、模型筛选表、用户原始数据表。

数据筛选表存储用户对上传数据的筛选方法。第一行存储所需字段,第二行存储所需记录,第三行及其之后存储对值的筛选方法。模型筛选表用于记录用户选取的统计模型,形式相对简单。用户原始数据表用于存储用户上传的原始数据,具体形式根据问题的不同而不同,但应该以列表示字段,以行表示记录。

5. 性能需求

表 8.2.1 给出了产品性能需求清单。

表 8.2.1 产品性能需求清单

响应时间	发送请求之后处理并返回
多线程运行	支持多用户同时使用,且互不干扰
数据合理性	历史数据中自动纠正错误数据,填补缺失值,保证用电成本计算准确
安全性	公司内部提供的建模数据(如各连锁超市用电量、用电成本等)不外泄
可维护性	新增统计量、更改统计图表类型等
灵活性	管理者能够筛选地区、统计模型,在地图上点选查询各连锁超市的用电情况
稳定性	输入、运行环境变化,产品仍能正常运行

6. 界面和接口需求

1) 界面需求

对于各连锁子超市负责人,需要有身份审核、经营数据和用电数据提交界面;对于总公司的相关管理者,在输入界面中应包括历史数据筛选的范围、需要分析的各项指标,以及所选用的统计方法等。辅助功能包括在地图相应区域标注数据;在地图中用鼠标操作划定范围;对模型选择和输出结果提供帮助文档。

2) 接口需求

(1) 功能接口需求

外部接口:ECharts、百度地图 API。

内部接口 1:前端勾选范围对应后台模型与数据范围。

内部接口 2:前端鼠标位置对应后台地区数据。

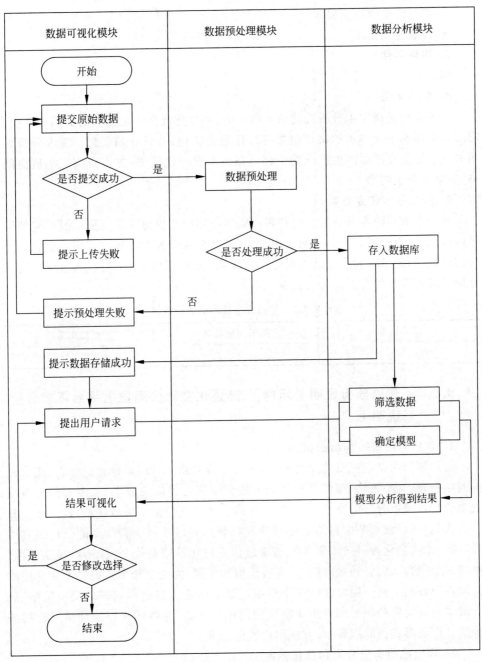

图 8.2.3 产品数据流图

(2) 性能接口需求
- 接口传输数据量要求。
- 传输速度要求。

7. 约束条件

略。

8. 相关文档

相关文档是指需求分析说明书所参考的、一旦更改会产生影响的文档。其中，需求分析说明书所参考的文档包括可行性分析文档、开发计划文档。需求分析说明书一旦发生更改会产生影响的文档包括方案设计说明书、方案实施与测试说明书、方案维护说明书。

9. 需求版本和变更管理

每一个版本的需求分析文档和相应版本所作的变更内容及变更原因均应被记录，以便追溯查询双方对需求的认识过程，有时会从旧版本中提取有用的信息。此外，对版本的记录有利于总结需求分析的经验，在下一次项目中更有效地进行需求分析。需求版本和变更记录表见表 8.2.2。

表 8.2.2 产品需求版本变更记录表

需求版本	需求变更描述	变更提出原因

8.2.2 需求分析说明书示例：《某量化交易公司数据平台需求分析说明书》

1. 客户总体目标和组织结构

客户某公司是一家量化交易公司，统计工程的总体目标是通过设计、选用合适的股票选择、交易策略，帮助客户从众多股票中遴选出优质股票、并能够根据各支股票的特点采取合适的交易行为，以获得最大的投资收益。更具体地，以量化交易平台为例（在后续章节中将给出详细开发过程），与以往对金融产品的分析报告不同，该一站式量化投资技术服务网站通过建立量化策略在线开发平台，覆盖股票、期货、基金的日级、分钟级回测，并支持模拟和实盘，为企业和个人提供便捷易用的智能投资顾问工具。用户在网站上可以通过前端输入自己拟定好的交易策略，后台脚本自动对后台数据库应用策略以预测用户收益，并将结果以统计量或折线图等统计图的形式在前端展示，方便用户做出决策。

2. 现阶段业务流程图和优化方向

1) 当前业务流程简介

某量化交易公司业务流程图如图 8.2.4 所示。

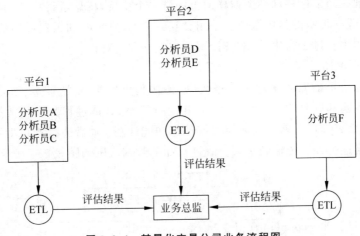

图 8.2.4 某量化交易公司业务流程图

2) 问题分析

公司缺少一个统一的策略评估和结果展示平台,各业务员分别进行 ETL 过程既耗时也耗费存储空间,整个过程的可重用性、自动化程度低。同时,公司管理层既没有规范统一的股票评估标准,也没有规范统一的股票价值评估结果展示,使内部沟通过程也存在交流不畅。

3) 应对措施

建立一个统一的策略评估和结果展示平台。①可以把数据统一存储到公司内部的服务器,把分析工具也搭建在服务器内,由此省略数据网络传输的过程。而由于不同的分析员使用相同的数据,可以把数据转化、处理的过程规范化、标准化;②建立一套统一的股票评估标准,部分指标可以作为非必选的参考项,根据分析员的特点进行选择;③用统一的形式展现股票价值评估结果;④建立统一的策略效果和可靠性评估标准。

3. 确定产品使用人员

该策略评估平台的使用人员为公司核心分析人员,具有较强的编程能力,能自行编写策略代码,且熟悉编程界面、快捷键等。此外,使用者均有较强的金融背景,熟悉股票评选的重要过程和指标,如回测初始资金,回测频率等。

4. 功能需求

1) 功能结构图

通过输入策略代码和相关参数,实现输出策略评估日期内的相关统计量、统计图。统计量包括策略收益、基准收益、alpha、beta、Sharpe、最大回测;统计图为反映策略收益、基准收益、股票价格在评估起止日期内变化的交互式折线图。其中,交互性体现在当鼠标移动到图像横向上的某一个位置,将显示每一天的策略收益、基准收益、股票价格的具体取值。采用交互方式的原因为,如果把详细信息都作为标签打在图中会过于密集,影响统计图的有效性和美观性。

2) 数据流图

前端通过键盘输入来评估策略代码、评估起止日期、初始资金、回测频率;再通过接口传输到后台的策略编译工具,并运行策略,具体过程为调用数据库、调用后台算法、计算评估策略效果的相关统计量和统计图;最后通过接口将统计量、统计图和策略运行日志传输到前端。统计产品的数据流图如图 8.2.5 所示。

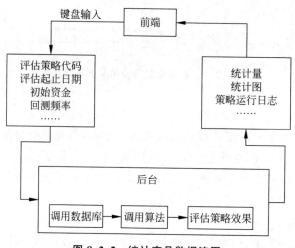

图 8.2.5　统计产品数据流图

3) 数据字典

表 8.2.3 给出了产品数据字典的内容。

表 8.2.3　产品数据字典

数据项	取值范围	格　　式	说　　明
策略代码		Python 代码	调用数据库; 初始化函数; 股票选择函数
评估起始日		年-月-日	
评估终止日		年-月-日	等于或晚于评估起始日
初始资金	正实数		
回测频率	每天、每分钟		
数据库内部数据			
输出数据			

5. 性能需求

产品性能需求清单如表 8.2.4 所示。

表 8.2.4 产品性能需求清单

响应时间	发送请求之后处理并返回
多线程运行	支持多用户同时使用，且互不干扰
错误控制	能实现基本的撤销、自动存储功能
安全性	策略保密性、底层数据保密性、输入不影响后台数据库的数据质量
可维护性	新增统计量、更改统计图表类型等

6. 界面和接口需求

1）界面需求

产品界面安排草图如图 8.2.6 所示。界面安排的风格应简洁易用，代码部分的使用习惯与常用 Python IDE 相同。

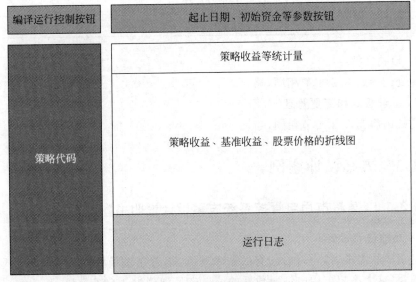

图 8.2.6 产品界面安排草图

辅助功能：①显示运行进度；②以上各 panel 比例可调节；③增设放大视图的滑动条；④解释回测指标的帮助文档。

2）接口需求

（1）功能要求

外部接口：无。

内部接口 1：前端策略代码对应后台代码编译工具。

内部接口 2：前端鼠标位置对应后台算法模块。

（2）性能要求

接口传输数据量要求和传输速度要求。

7. 约束条件

产品约束条件清单见表 8.2.5。

表 8.2.5　产品约束条件清单

时间	一个月
预算成本	××元
数据范围	(1) 2005 年 1 月 1 日至今所有 A 股上市公司股票信息 (2) 各分析机构对 A 股上市公司的公开分析报告
运行环境	内部服务器，Linux 操作系统
计算资源	(1) 可提供某数据库管理平台、某数据分析平台 (2) 使用 Django 进行前端设计
人力资源	有精通业务知识并具备较强的编程能力的技术人员

8. 相关文档

此处内容与 8.2.1 节相同，略。

9. 需求版本和变更管理

此处内容与 8.2.1 节相同，略。

8.3　方案设计案例

8.3.1　《某超市用电管控系统方案设计说明书》

1. 功能流程设计

基于产品需求，结合目前已有的技术基础，本着系统模块功能高内聚、低耦合的原则，将某大型超市用电情况数据的统计产品划分为 3 个子模块，其功能流程示意图如图 8.3.1 所示。

2. 技术路线

1) 输入前端的信息

数据选定的(时间、地区)范围；所用的统计指标；统计建模方法。

2) 最终输出的信息

选中超市的具体数据；模型给出的参考数据；地区用电情况可视化结果。

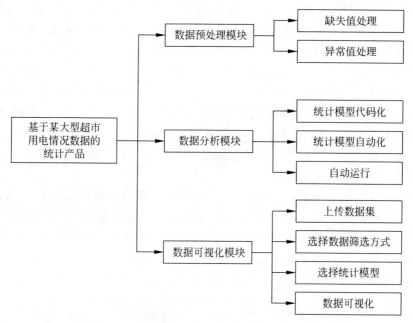

图 8.3.1　某超市用电情况统计产品功能流程示意图

3）模型

K-means 聚类模型；随机森林模型。

3. 后台设计

1）数据预处理模块功能设计

本模块由 Python 语言编写，用于接收用户上传的原始数据并进行数据预处理，目前设计的数据接口只包括 txt 和 csv 两种格式。整个模块包括缺失值处理和异常值处理两个脚本。数据预处理模块结构图如图 8.3.2 所示。

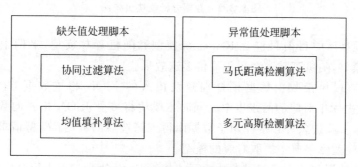

图 8.3.2　数据预处理模块结构图

在本例中原始数据共有 20 390 条,包含的字段有超市名称、超市编号、超市经度、超市纬度、超市地址、超市面积、所在城市、日期、波峰时段用电量、波谷时段用电量、波峰电价、波谷电价。其中,将超市编号作为主键。

首先进行缺失值处理。对超市编号、日期、超市地址、所在城市或经纬度信息缺失的数据进行协同过滤;对用电量或电价缺失的数据将用平均值进行填补。其次进行异常值处理,利用马氏距离检测和多元高斯检测算法剔除异常值记录。本例中的数据不涉及离散化、重铸、压缩等规范化处理,因此不存在数据变换。

经过预处理后得到规范化数据,使用 JSON 格式传送到数据分析模块。

2)数据分析模块功能设计

本模块主要包括数据库、模型库和执行脚本 3 部分。数据库选用 MySQL 数据库;模型库使用 Python 字典结合文件系统实现:字典存储模型名称和绝对路径,模型以 Python 脚本的形式进行封装集成,统一存储在模型库路径下;执行脚本为 Shell 脚本,接收数据和模型两个参数,自动将数据送入模型并执行,生成结果以 JSON 文件形式保存并传送。数据分析模块结构图如图 8.3.3 所示。

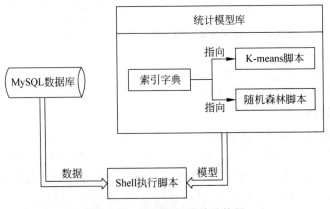

图 8.3.3　数据分析模块结构图

统计模型库中目前只包含 K-means 模型和随机森林模型,本例中只用到了 K-means 模型,随机森林模型用于提供多选效果。

此外,本模块接收由数据预处理模块传入的 JSON 格式数据,并将其导入 MySQL 数据库中对应的两张表中。同时本模块将接受 JSON 格式的数据筛选和模型库请求。筛选条件直接作用于数据库得到筛选后的数据;模型请求转换为索引形式,在模型库字典中提取对应的模型。

将筛选数据和选定模型以参数的形式传入 Shell 执行脚本进行分析处理,生成分析结果,并以 JSON 形式回传给可视化模块。超市基础新信息表见表 8.3.1。超市用电量记录表见表 8.3.2。

表 8.3.1 超市基础信息表

字　　段	变量类型	变量长度	是否为主键
超市名称	字符型	255	否
超市编号	字符型	255	主键,外键
超市经度	浮点型	255	否
超市纬度	浮点型	255	否
超市地址	字符型	255	否
超市面积	浮点型	255	否
所在城市	字符型	255	否

表 8.3.2 超市用电量记录表

字　　段	变量类型	变量长度	是否为主键
超市编号	字符型	255	主键,外键
日期	字符型	255	否
波峰时段用电量	浮点型	32	否
波谷时段用电量	浮点型	32	否
波峰电价	浮点型	32	否
波谷电价	浮点型	32	否

3）数据可视化模块功能设计

数据可视化模块由 Django 作为整体框架,主要用到 App、Static 和 Template 模块。App 模块中包含 MySQL 数据库接口,能够在不使用 SQL 语句的情况下实现完美的对象关系映射（object-relational mapping，ORM）,从而达到高效提取数据库数据的目的。此外,在 App 模块下可以通过撰写 Python 脚本实现对数据库的请求和对返回数据的处理加工,并将处理过的请求发送给数据库,或将处理过的数据返回前端的功能。Static 模块用于管理前端网页的所有静态文件,包括图片、视频、CSS 脚本、Javascript 脚本等。当页面加载时,框架会到预先设置好的 Static 模块下寻找对应的静态文件。Django 框架通过 Static 模块实现了静态模块的统一管理。Template 模块主要用于调用 HTML 网页脚本,并实现高效的 URL 管理。

该模块的前端布局由 Bootstrap 完成,从而能够动态适应不同浏览器的窗口大小。响应逻辑将利用 Ajax 异步加载完成,使网页能够实现大量的交互式操作。另外,可视化模块调用百度地图 API 接口用于展示地理位置信息,并使用 ECharts 绘制图表。详细的数据可视化模块结构如图 8.3.4 所示。

4. 界面与接口设计

1）界面设计

产品的输入界面如图 8.3.5 所示。

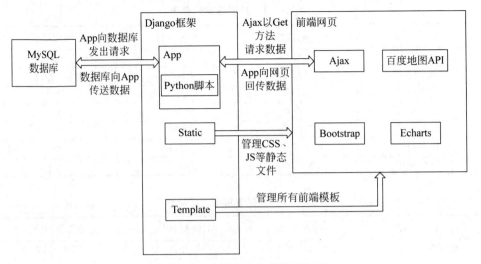

图 8.3.4　数据可视化模块结构图

图 8.3.5　产品输入界面示意图

2) 输入设计

(1) 输入内容：连锁超市和管理者。对各连锁超市，包括初始化输入（注册账号时一次性填写，其后登录账号即可默认输入）：超市编号、超市名称、超市所在地、超市占地面积、营业额等基本经营数据，每月定期上传的用电数据；对管理者，包括每次分析时使用的数据范围和统计模型。

(2) 输入格式要求：限制输入的数据类型、取值范围等。

(3) 输入帮助文档：对输入内容和格式作具体解释，对统计分析原理和作用做简要介绍。

(4) 输入性能设计：针对输入时容易出错的特点，提供撤销上一操作、返回上一步、重新填写的选项。考虑到已提交的数据中有错误，允许每月可提交 3 次，数据库中只保留最后一次提交。

3) 输出设计

(1) 输出内容与形式：以数值形式输出建议油价；以折线图的形式输出近两周的建议油价、实际油价；以鼠标与折线图图交互的形式输出当日价格增长率、收益率。

(2) 输出性能设计：只显示当前操作有关信息；状态提示。

4) 接口设计

(1) 外部接口：使用 ECharts 和百度地图 API 接口，作为可视化输出部分的基础。

(2) 内部接口：前端与后台数据库的接口、数据库与算法模块的接口。选择合适的调用方式，以保证接口的稳定性、入口信息和出口信息的准确性。

5. 性能设计

1) 更新与可扩展设计

(1) 数据库的更新：关系数据库中增加新的数据（行）很容易，但是增加新的变量（列）十分麻烦。当需要增加列时，处理方法为对原表做转置后再增加行。

(2) 功能模块的更新：将数据的处理、分析过程分别进行模块化，有利于节约后续更新时间。例如，在开发过程中，如果需要增加新的模型或修改可视化输出的形式，只需要修改相应的模块即可。

2) 安全性设计

(1) 数据检查：对数据录入的过程制定规范，只有符合输入形式的数据才能提交；每个下属连锁超市每月拥有 3 次提交机会，系统只采集最后一次录入结果。

(2) 用户权限：管理者拥有各自的实名账户，仅在登录后才能看到功能界面。

(3) 错误保存：若程序运行出错，将错误提醒回写到日志文件中，方便之后调试排查错误。

(4) 数据加密：在阿里云平台内设置账号对数据的访问、操作权限。

3) 运行效率设计

(1) 运行环境：数据库和程序均部署在 Linux 系统上。

(2) 工具选择：将常用的数据，如近期的用电情况、模型参数、连锁超市的经营数据等放在非关系型数据库 Redis 中；将其他大量的历史数据放在关系型数据库中，仅在构建/更新模型时使用，可以提高存取效率。

6. 测试用例设计

1) 单元测试

(1) 前端输入测试、输出测试、控制界面测试。

(2) 后台数据采集测试(数据的可靠性、规范性等的检验)、数据管理测试、数据分析测试(应用于相同数据,模型结果再现;应用于新数据,模型的稳定性等)。

(3) 前端输入传到后台的接口测试、后台接口输出到前端的接口测试、外部接口测试。

(4) 运行环境测试(充分考虑用户使用统计产品的各种环境)。

2) 性能测试

(1) 速度测试:为保证数据输出速度较快,前期选取部分地区数据进行测试,以此推算完整上线后的运行速度。

(2) 稳定性测试:观察数据库是否定期有完整的数据回写。若有,说明程序正常;若数据不完整,说明程序断开,此时需要检查原因,通过 Python 的 sys.exc_info() 方法将错误原因写入磁盘文件,查看磁盘文件,调整程序。

(3) 空间测试:前期根据每月产生的连锁超市输入的数据量和系统产生的数据量,推算出服务器需要的容量。

3) 试点使用

选取试点地区的连锁超市,将该用电情况管控产品投入使用,考察一段时间内试点地区用电情况的变化,并收集试点用户的使用体验和反馈意见。

7. 相关文档

设计方案变动会影响实施、测试方案。

8. 版本控制

在表 8.3.3 中如实记录方案设计各个版本的更新情况。

表 8.3.3　方案设计版本变更记录表

方案设计版本	方案变更描述	变更理由

8.3.2 《石油定价 App 方案设计说明书》

1. 功能流程设计

产品的功能设计流程图如图 8.3.6 所示。

每日 20 时前,站点工作人员登录系统,输入当日更新后的站点信息(包括当日各类油品销量、实际销售油价等),对数据库进行更新。之后,定价系统于每日 23

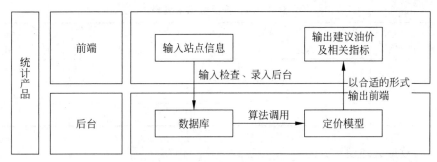

图 8.3.6　产品功能流程设计图

时左右统一调用数据库,根据更新后的油价和预先设定好的定价模型计算,对次日的油价及相关指标给出建议。待收到定价系统的反馈信息之后,各加油站定价决策者于当日 24 时左右根据建议油价、结合各自销售策略等其他因素,综合考量后确定次日的实际油价。

2. 技术路线

1) 输入站点信息

输入的站点信息包括站点编号、站点名称、站点规模、站点所在道路类型、站点所在城市级别(以上几项可与站点登录信息绑定,作为默认输入);该站点当日销量(升);当日油价(元/升);竞争站点当日油价(元/升);石油成本(元/升)。

2) 最终输出信息

最终的输出信息包括当日该站点的建议油价(元/升);建议油价与最终采纳油价折线图;在该建议油价下,近期每天的价格增长率和收益率。

3) 定价模型

以当日油价为因变量,以站点属性变量(如站点规模、站点所在道路类型、站点所在城市级别)、站点近期油价、竞争站点近期油价为自变量,建立时序模型。若站点属性变量对模型有显著影响,可考虑先根据站点属性变量分组,再在组内进行建模。

4) 相关指标及其计算

　　　　当日价格增长率＝当日建议价格/前一天建议价格－1
　　　　当日收益率＝(当日实际价格－当日石油成本)×当日销量

注意:当日只能看到前一日的收益率,因为给出当日建议价格时尚未以该价格进行销售。

3. 后台设计

1) 数据采集设计

数据采集表见表 8.3.4。

表 8.3.4 产品数据采集表

站点编号	站点名称	站点规模	站点道路	站点类型	站点城市	站点级别	当日油价	竞争站点	石油成本	当日销量

2）数据管理设计

（1）数据库选择与测试：以上分析所需数据为结构化数据，且由于站点数量较多，汇总的数据量比较庞大，故选择在阿里云平台上搭建分布式关系型数据库。

（2）数据集成与备份：将上述采集的数据上传到数据库，并在阿里云平台上自动备份。

（3）数据共享与安全：对数据的使用者设置访问、操作权限。

（4）数据质量监控：数据集成到数据库后，根据数据质量标准对数据进行清洗；制订数据操作规范；由于数据需要每日更新，还应显示每日更新状态。

3）数据分析设计

（1）工具选择：考虑到数据量，选择使用阿里云平台的 Python 对数据进行建模。

（2）探索性分析：先借助描述统计对数据的值域、分布、相关关系等性质。

（3）建模：先以当日油价为因变量，以站点属性变量（如站点规模、站点所在道路类型、站点所在城市级别）、站点近期油价、竞争站点近期油价作为自变量，建立简单的时序模型。

（4）结果解释：考虑可能出现的结果，并尝试用业务语言，以通俗易懂的方式进行解释。

4. 界面与接口设计

1）界面设计

产品的功能界面草图如图 8.3.7 所示。

2）输入设计

（1）输入内容：初始化输入（注册账号时一次性填写，其后登录账号即可默认输入）：站点编号、站点名称、站点规模、站点所在道路类型、站点所在城市级别；当日本站点及竞争站点油价。

（2）输入格式要求：限制输入的数据类型、取值范围等。

（3）输入帮助文档：可以脚标的形式对竞争站点作进一步解释。

（4）输入性能设计：针对输入时容易出错的特点，提供撤销上一操作、返回上

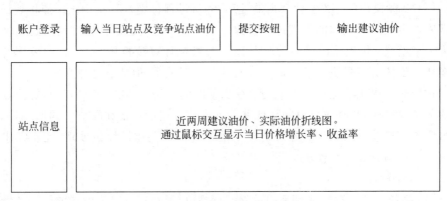

图 8.3.7　产品功能界面草图

一步、重新填写的选项。考虑到已提交的数据中有错误的情况,允许每日可提交 3 次,数据库中只保留最后一次提交的内容。

3) 输出设计

(1) 输出内容与形式:以数值形式输出建议油价;以折线图的形式输出近两周的建议油价、实际油价;以鼠标与折线图交互的形式输出当日价格增长率、收益率。

(2) 输出性能设计:只显示当前操作有关信息;状态提示。

4) 控制界面设计

(1) 控制对话:点击提交按钮时弹出对话框提示是否选择操作。

(2) 页面设置:首先看到登录界面,已有账号的用户登录后进入功能界面;没有账号的用户点击"注册"进入注册界面。注册成功后跳转到登录界面。

5) 接口设计

(1) 外部接口:不需要,该统计产品将作为独立的 App 使用。

(2) 内部接口:前端与后台数据库的接口、数据库与算法模块的接口。选择合适的调用方式,以保证接口的稳定性、入口信息和出口信息的准确性。

5. 性能设计

1) 更新与可扩展设计

(1) 数据库的更新:关系数据库中增加新的数据(行)很容易,但是增加新的变量(列)十分麻烦。当需要增加列时,处理方法为对原表的转置增加行。

(2) 模型的更新:将一些经常变动的指标设置为参数。如该模型设计该站点历史油价与竞争站点历史油价对该站点当日油价影响的权重,这个权重通常由业务人员根据经验给出一个合理值。但随着时间推移,其值可能发生改变,将其设为参数,当需要调整权重时,直接更新参数的赋值即可。

(3) 功能模块的更新：将数据的处理、分析过程分别进行模块化。如将数据从数据库调出到进入模型的处理过程作为一个模块；将构造定价模型输出建议油价作为一个模块；将根据建议油价与其他相关指标计算价格增长率、收益率作为一个模块。虽然这些模块在输入输出方面存在依赖关系，但功能是独立的。

这样的模块化处理有利于节约后续更新时间。例如，在开发过程中，客户提出新的要求，将折线图改成可以随鼠标移动展现当日建议价格和收益率的形式，因为当日实际价格总是采取当日建议价格。由于进行了上述模块化处理，此次需求的变更只会影响最后一个模块。

2) 安全性设计

(1) 数据检查：对数据录入的过程制订规范，只有符合输入形式的数据才能提交；每个用户拥有 3 次提交机会，系统只采集最后一次录入结果。

(2) 用户权限：各站点的定价决策者需实名注册账户，仅在登录后才能看到功能界面。

(3) 错误保存：若程序运行出错，将错误提醒回写到日志文件中，方便之后调试排查错误。

(4) 数据加密：在阿里云平台内设置账号对数据的访问、操作权限。

3) 运行效率设计

(1) 运行环境：数据库和程序均部署在 Linux 系统上。

(2) 工具选择：将常用的数据，如近期的油价、模型参数、站点信息等放在非关系型数据库 Redis 中，将其他大量的历史数据放在关系型数据库中，仅在构建/更新模型时使用，可以提高存取效率。

6. 测试用例设计

1) 单元测试

(1) 前端输入测试、输出测试、控制界面测试。

(2) 后台数据采集测试(包括数据的可靠性、规范性等的检验)、数据管理测试、数据分析测试(应用于相同数据，模型结果再现；应用于新数据，模型的稳定性等)。

(3) 前端输入传到后台的接口测试、后台接口输出到前端的接口测试、外部接口测试。

(4) 运行环境测试(充分考虑用户使用统计产品的各种环境)。

2) 性能测试

(1) 速度测试：为了保证加油站系统注册规模扩大之后，计算推荐价格所用的时间在可接受范围之内，测试几十个试点站每天更新数据并返回建议价格的时间，根据测试用时来推测系统投入使用后的实际用时。

(2）稳定性测试：每日观察内网数据库是否有完整的数据回写。若有，说明程序正常；若数据不完整，说明程序断开，此时需要检查原因，通过 Python 的 sys.exc_info()方法将错误原因写入磁盘文件，查看磁盘文件，调整程序。

(3）空间测试：前期根据每天产生的用户输入的数据量和系统产生的数据量，以及预测的加油站注册规模，推算出服务器需要的容量。

3）试点使用

选取试点加油站，将该石油定价产品投入生产使用，考察一段时间内试点加油站总体收益率的变化，并收集试点用户的使用体验和反馈意见。

7．相关文档

设计方案变动会影响实施、测试方案。

8．版本控制

在表 8.3.3 中如实记录方案设计各个版本的更新情况。

8.4 方案实施与测试示例

在完成方案设计之后，需要按照既定的计划逐步实施，并对实施过程、进度以及期间出现的困难情况加以记录。后文以石油定价 App 方案的实施和后期测试为例给出方案实施与测试说明书的参考模板。

1．《石油定价 App 方案实施与测试说明书》

（1）方案实施记录

方案实施应谨遵设计的步骤、使用设计的方法和工具、满足设计的原则。在具体实践中，需要对每一步是否按计划执行进行记录，表 8.4.1 概要性地给出了方案实施记录示例，事实上任务可进一步细分，"是否按计划进行"也可进一步细分为"过程步骤是否按计划进行""方法工具是否按计划选择"等。方案实施记录表见表 8.4.1。

表 8.4.1　方案实施记录表示例

后台开发		
数据采集	站点属性	
	站点销售信息	
	竞争站点信息	
前端与接口开发		
界面设计	登录界面	
	注册界面	
	功能界面	

续表

		前端与接口开发	
输入设计	输入内容设计		
	输入规范约束		
	输入文档帮助		
	输入性能设计		
输出设计	输出内容设计		
	输出性能设计		
控制界面	控制对话		
	页面设计		
接口设计	前端与后台		
	数据库接口		
	数据库与算法模块接口		
		性能设计	
更新与可扩展设计	数据库更新		
	模型更新		
	功能模块的更新		
安全性设计	数据检查		
	用户权限		
	错误保存		
	数据加密		
运行效率设计	多线程并行		
	规范控制		
	运行环境		
	工具选择		

(2) 测试记录

在具体实施时,应根据测试用例对统计产品进行多层面、多角度的测试,并对测试结果进行记录,以确保能够及时发现错误并更正。此外,测试记录对于今后方案设计规避雷点、高效的测试用例设计都有借鉴意义。产品测试记录表见表8.4.2。

表 8.4.2 产品测试记录表

测试项目		是否通过测试	错误原因	纠正策略
单元测试				
后台测试	数据采集测试			
	数据管理测试			
	数据分析测试			

续表

测试项目		是否通过测试	错误原因	纠正策略
前端测试	输入测试			
	输出测试			
	控制界面测试			
接口测试	前端与后台数据库接口测试			
	数据库与算法模块接口测试			
性能测试	运行环境测试			
	集成测试			
	速度测试			
	稳定性测试			
	空间测试			
其他	试点使用			
	功能			
	性能			
	运行环境			

8.5 统计产品发布与维护示例

8.5.1 统计产品发布使用示例

在产品测试结束、保证现阶段产品各项功能性能满足需求，且运行顺利可以正常使用之后，将统计产品投入实际工业生产中，并定期收集反馈意见，对统计产品进行必要的维护与更新。前文所述的超市用电情况监控系统发布的 1.0 版本的产品大致如下（某超市用电管控系统产品使用示例）。

首先是提交界面。用户在打开提交界面后，会显示系统支持的数据格式，如果提交失败会通过网页报错。提交成功后，数据将通过 App 模块传送到数据预处理模块，网页会提示数据提交成功。

其次，在数据导入成功后，用户可以在网页选择建模的数据范围和统计模型。例如，可筛选数据的前 1000 行或将"所在城市"字段限定为"济南市"等，同时也可添加多重限制条件满足分析需要。如果不添加条件，则默认用全部导入数据进行建模。用户还可以根据分析目的选择统计模型，或选择多个模型一起展示。选定的筛选条件和统计模型会以请求的形式发送至 App 模块，由 App 模块处理后以 JSON 形式发送至数据分析模块，可视化界面等待回传分析结果。

再次,选取 2016.1—2016.12(前 8640 条)的数据,选择 K-means 聚类分析。分析维度选择波峰用电量和超市面积,映射维度为超市的经度和纬度。当接收到数据分析模块回传的 JSON 形式数据时,利用 ECharts 和百度地图 API 等工具进行可视化。将分析结果映射到二维空间坐标系中,用地图上不同颜色的标点表示聚类结果。

最后,利用 ECharts 的地图模块结合百度地图 API,本系统可以实现全国地图—省级地图—市级地图的三级下钻功能,从而丰富由宏观数据到微观数据的可视化展示。

8.5.2 统计产品后期维护示例

在统计产品顺利发布后,出于提高用户使用体验、延长统计产品的寿命、扩大其应用效益等目的,需要对其进行一系列的修改活动,即统计产品维护工作。统计产品的维护记录示例见表 8.5.1。

表 8.5.1 某连锁超市用电成本管控系统维护记录

维护时间	维护项目	维护类型	维护原因	维护策略	维护效果
	前端界面	完善性维护	用户反映部分地图加载速度较慢	考虑到用户关注重点在于数据,降低接入地图边界的精度。将经纬度精度调整为小数点后两位	地图加载速度提升
	前端输入	完善性维护	用户跨地区勾选不便	在前端加入滚轮缩放地图功能;加入按键盘任意键可多选功能	用户可方便完成跨地区输入
	数据管理	完善性维护	定期数据汇总后统一更新	调整模型读取数据范围	…
…	…	…	…	…	

参 考 文 献

[1] 高庆丰.欧美统计学史[M].北京:中国统计出版社,1987.
[2] 陈希孺.数理统计学简史[M].长沙:湖南教育出版社,2000.
[3] LANCASTER H O. Encyclopedia of Statistical Science[M].吴喜之,译. New York:John Wiley & Sons,1988.
[4] 刘晓梅.统计信息的发布方式与统计产品的质量[J].兰州商学院学报,2001(2):76-78.
[5] 赵乐东.关于统计产品的价格的问题[J].统计与决策,2000(5):4-5.
[6] 钟将材,赵建明,吴平和,等.统计产品与质量管理[J].中国统计,2002(10):19-20.
[7] JANHUNEN O. Information technology and statistical product development[J]. Statistical Journal of the UN Economic Commission for Europe,1988,5(2):193-200.
[8] 张林,马雪英,王衍.软件工程[M].北京:中国铁道出版社,2009.
[9] 朱少民.软件工程导论[M].北京:清华大学出版社,2009.
[10] 李灿.市场调查问卷的设计艺术[J].统计与决策,2007,7(7):76.
[11] MACKINLAY J. Automating the design of graphical presentations of relational information[J]. ACM Transactions on Graphics (TOG),1986,5(2):110-141.
[12] MACKINLAY J, HANRAHAN P, STOLTE C. Show me:Automatic presentation for visual analysis[J]. IEEE Transactions on Visualization and Computer graphics,2007,13(6):1137-1144.
[13] SAVVA M, KONG N, CHHAJTA A, et al. Revision:Automated classification, analysis and redesign of chart images[C]//In Proceedings of the 24th Annual ACM Symposium on User Interface Software and Technology. New York:ACM Press,2011:393-402.

后　　记

　　本书写作的前后经历了五年的时间，如果算上最初形成观点的时间，距离现在将近十年了，这段历程漫长又富有挑战性，很多困难也是我起初从未想到的。这里要感谢清华大学出版社为书稿的形成提供了很多建议；也要致敬《应用统计工程前沿丛书》的其他作者，希望我这本没有太迟。最后，我想感谢这些年来与我并肩战斗过的学生们，在与他们教学相长的过程中，统计工程的体系得以形成。这份名单很长，在此无法一一列举，但是一定要列出的是陈嘉怡、卢陈伟、王辉戈、王明辉、宋辰菲、幸云晨和黄文豪，他们的好奇、勇敢与聪慧是我工作中的灵感来源。

杨翰方
于明德主楼
2021 年 5 月